Guide-nous vers l'Immortalité

La spiritualité au quotidien

Partie 1

Guide-nous vers l'Immortalité

La spiritualité au quotidien

Partie 1

Sri Mata Amritanandamayi

Mata Amritanandamayi Center, San Ramon
Californie, États-Unis

Guide-nous vers l'Immortalité

La spiritualité au quotidien

Partie 1

Sri Mata Amritanandamayi

Titre original: Amritam Gamaya – Partie 1

Publié par :

Mata Amritanandamayi Center
P.O. Box 613
San Ramon, CA 94583-0613
États-Unis

International :

www.amma.org
inform@amritapuri.org

En France :

www.etw-france.org

Au Canada :

http://ammacanada.ca/?lang=fr

Table des matières

Préface 11
1. Dharma 13
2. La dévotion et l'humilité 15
3. La dévotion : une science pragmatique 17
4. Bhaya-bhakti 20
5. Les rituels et les traditions 22
6. Iṣhṭa-dēvatā 24
7. L'humilité 26
8. L'ego, notre pire ennemi 28
9. L'ego 31
10. Surmonter ses faiblesses 33
11. Le remords 35
12. La voie qui mène à la Paix 37
13. Les difficultés de la vie 39
14. Le temps, notre bien le plus précieux 41
15. Se libérer de la souffrance 43
16. Le service désintéressé 45
17. Le calme du mental 47
18. La maturité 49
19. Le véritable ami 51
20. Le Seigneur Rāma 53
21. Les idées préconçues 65
22. Lâchez les idées préconçues 67
23. Un cœur d'enfant 69
24. La valeur du temps 71
25. Les fruits des actions passées 73
26. Apprenez à donner 75

27. Je suis Amour. L'Amour est ma nature même 77
28. L'action efficace 79
29. Essayez de ne pas répéter les mêmes erreurs 81
30. Partager 83
31. Donner et prendre 85
32. Faites le bien 87
33. Donner 89
34. La tête et le cœur 91
35. La vengeance 93
36. La colère et la vengeance 95
37. Les accès de colère 97
38. La guerre et les conflits 99
39. Les critiques 101
40. La spiritualité et la pauvreté 103
41. Comment changer ? 105
42. La méditation 107
43. Les différentes conceptions du Divin 109
44. La pratique du japa 111
45. Le sacrifice 114
46. La prière et la foi 117
47. La valeur du sourire 119
48. Le Seigneur Kṛiṣhṇa 121
49. La Bhagavad-Gītā 131
50. La non-violence 136
51. Une vie juste et la spiritualité 138
52. L'essence des religions 140
53. L'attitude juste 142
54. L'Éternel et l'éphémère 144
55. Le prārabdha 146
56. Le remède de l'amour 148
57. La concentration sur le but 150
58. La dévotion et le contentement 152
59. Garder l'esprit ouvert 154
60. Le darśhan de la déité du temple 156

61. Les habitudes 158
62. Aime ton prochain 160
63. La colère est-elle bonne ou mauvaise ? 162
64. Les mahātmās 164
65. Rien n'est insignifiant 167
66. Savoir et assimiler 169
67. L'intolérance religieuse 172
68. La vraie prière 174
69. La vraie prière - 2 176
70. L'adoration intérieure 178
71. Vivre dans le moment présent 180
72. La vie est un terrain d'entraînement 182
73. La nécessité d'un guru 184
74. Souriez toujours, même lors d'une crise 192
75. La spiritualité 194
76. La responsabilité des médias 196
77. Tout accepter comme un cadeau de Dieu 198
78. La peur 200
79. La peur et l'amour 202
80. Karma-yōga 204
81. La jeunesse et la drogue 206
82. La corruption 208
83. La jeunesse 210
84. Soyez reconnaissants 212
85. La science et la spiritualité 214
86. Voir Dieu en tout 216
87. Vasudhaiva Kuṭumbakam — Le monde est une famille 219
88. La paix universelle 221
89. La dévotion et la vie 228
90. La connaissance réelle 230
91. Śhraddhā 232
92. La conscience morale 234
93. La puissance de la jeunesse 236
94. L'expérience de Dieu 238

Préface

Comme l'or est le substrat des bijoux en or, l'eau celui des vagues et l'argile celui des poteries, la spiritualité est le fondement même de la vie dans toutes ses manifestations. Telle est la vision d'Amma. Pour elle, la spiritualité n'est pas seulement le courant principal du flot de la vie, elle est le lit de la rivière de l'existence, sur lequel celle-ci coule, tourbillonne et virevolte.

La vision d'Amma, qui englobe tout, se reflète dans ce livre un recueil de cent huit messages sur un grand éventail de sujets. Ils incluent l'éthique et la conscience morale, l'harmonisation de la spiritualité et du progrès matériel, l'importance des rituels et des traditions, la méditation et la gestion du mental, la vigilance et l'action efficace, l'équilibre entre la tête et le cœur, la résolution des conflits, l'amour et la compassion, l'importance de vivre dans le moment présent, la nécessité d'un guru, le lien entre les époux, le rôle de la spiritualité dans la science et beaucoup d'autres.

La vision d'Amma n'est pas seulement panoramique, elle révèle aussi l'importance éternelle de la spiritualité.

Comme elle le dit : « La spiritualité, c'est le mode d'emploi de la vie. Elle nous enseigne comment vivre en ce monde et comment surmonter les difficultés. »

La beauté des enseignements d'Amma est dans leur simplicité et leur clarté ; leur autorité repose sur la sagesse et l'expérience. Amma rend ainsi accessible à tous une sagesse immémoriale. Si nous prenons à cœur les conseils qu'elle nous donne, nous pouvons approfondir la compréhension que nous avons de nous-même et donner un sens à notre vie. Amma affirme que la spiritualité nous permet de comprendre qui et ce que nous sommes réellement. Cette compréhension nous fait prendre conscience de nos responsabilités et nous vivrons ensuite d'une manière bénéfique à la fois au monde et à nous-même.

Nous prions pour que ce livre apporte dans la vie de nos chers lecteurs la lumière de la sagesse et ouvre pour eux la voie à un avenir meilleur.

Les éditeurs

1. Dharma

Mes enfants, le *dharma* est ce qui préserve la nature intrinsèque d'un objet. Le *dharma* d'une lampe est d'éclairer, celui des yeux est de voir et celui du cœur de pomper le sang et de le distribuer dans tout le corps. C'est seulement quand chaque organe du corps fonctionne selon son *dharma* que l'on peut vivre en bonne santé. Ainsi, l'univers ne peut garder son harmonie que si tous les êtres vivants suivent leur *dharma* correctement. Les sages de *Bhārat* (l'Inde) appelaient *dharma* le principe qui soutient l'harmonie de l'univers.

On ne peut voyager en toute sécurité que si les véhicules sur la route respectent les règles de la circulation. De même, la société ne peut être harmonieuse et progresser que si chaque individu effectue son *dharma* en toute sincérité. Le pays ne peut progresser que si chaque citoyen mène une vie enracinée dans le *dharma*. C'est tout aussi vrai en ce qui concerne la famille. La paix et la prospérité ne règneront dans la famille que si chacun de ses membres vit honnêtement et se comporte envers autrui avec respect.

Un enseignant doit remplir ses devoirs quand il se trouve à l'école. Mais son *dharma* est différent quand il est chez lui. Il doit alors se comporter en père avec ses enfants et en frère avec ses frères et sœurs. Notre *dharma* varie donc en fonction du lieu et des circonstances. Le *dharma* consiste à faire l'action juste, au moment juste, de la manière juste.

Cela dit, nous avons tous un *dharma* supérieur à tous les autres dharmas, notre *parama-dharma* (*dharma* suprême) : il consiste à prendre conscience de notre perfection intérieure. Imaginez qu'un papillon ponde ses œufs sur une feuille. Si un œuf est détruit, le but de sa vie ne sera pas accompli ; il en va de même au stade de la larve ou de la chrysalide. C'est seulement quand l'œuf s'est métamorphosé en papillon, quand sa beauté et ses talents cachés se manifestent pleinement, qu'il atteint le but suprême de sa vie et remplit son objectif.

Le Divin est présent en chacun de nous. C'est notre nature réelle. En devenir conscient est le *parama-dharma* de tout être humain. Le terme « réalisation » ne se réfère pas seulement à notre propre salut ; il s'agit d'un état dans lequel on se voit soi-même en chacun. Mais aujourd'hui, nous sommes incapables de comprendre la valeur réelle de la richesse que constitue la vie. Nous gaspillons notre vie dans des plaisirs triviaux.

Il nous faut vaincre cette tendance. Il nous faut vivre avec discernement et avec la connaissance juste. Voyons Dieu en nous-mêmes et en tous les êtres animés ou inanimés de l'univers. C'est ainsi que nous atteindrons le but ultime de notre vie.

2. La dévotion et l'humilité

Mes enfants, la dévotion est toujours accompagnée de qualités telles que l'humilité, la patience et la compassion. Un vrai dévot se considère comme le serviteur de tous, et non pas comme quelqu'un d'important. Il est prêt à aider les autres en ignorant ses problèmes personnels.

Le roi Ambarīṣha, un fidèle dévot du Seigneur Viṣhṇu, ne manquait jamais d'observer le jeûne d'*Ēkādaśhī* [1].

Satisfait de sa dévotion, le Seigneur Viṣhṇu lui donna le *Sudarśhana Chakra.*[2] En voyant avec quelle dévotion Ambarīṣha respectait son vœu, Indra craignit de perdre sa position de chef des dieux au profit du roi. Il incita le sage Durvāsa à rendre visite à Ambarīṣha dans son palais, un jour d'*Ēkādaśhī*, au moment où le roi rompait son jeûne. Le roi accueillit le sage avec le plus grand respect. Durvāsa dit qu'il allait d'abord prendre un bain et alla donc jusqu'à la rivière. Mais il ne revint pas et lorsque le moment rituel de rompre le jeûne approcha, il n'était pas encore de retour. Alors Ambarīṣha offrit des oblations aux dieux et il en mit de côté pour Durvāsa. Puis, prenant une gorgée d'eau, il rompit son jeûne.

Quand Durvāsa revint de son bain et apprit que le roi avait mis fin au jeûne sans l'attendre, il entra en fureur. Il se mit à insulter Ambarīṣha qui resta imperturbable. Bien qu'il eût

---

[1] Un jeûne observé le 11ème jour de chacune des deux phases de la lune qui constituent le mois hindou.

[2] Mot à mot : 'le disque de la vision propice', un disque aux bords dentelés, qui tourne ; arme du Seigneur Viṣhṇu.

conscience de sa puissance, il répétait sans cesse avec contrition : « Je vous en prie, pardonnez-moi si j'ai commis une erreur ». Mais Durvāsa ne lui pardonna pas. Il invoqua un démon afin de tuer Ambarīṣha. Quand le démon se précipita pour tuer le roi, le *Sudarśhana Chakra* se matérialisa et exécuta le démon. Puis, il poursuivit sa trajectoire vers la gorge de Durvāsa.

Le sage s'enfuit pour échapper à la mort. Il chercha refuge auprès des dieux Brahma et Śhiva mais ne réussit pas à se débarrasser de cette arme terrifiante, le *Sudarśhana Chakra*. Il finit par courir jusqu'à Vaikuṇṭha, la demeure du Seigneur Viṣhṇu, où le Seigneur lui dit que le seul moyen de salut était pour lui d'obtenir la protection d'Ambarīṣha. Comme il ne voyait pas d'autre issue, Durvāsa courut vers Ambarīṣha implora son pardon. L'humilité du roi était telle que même à ce moment-là, il voulut laver les pieds du sage et boire cette eau.

Dieu aidera toujours les êtres comme Ambarīṣha. Il veillera sur les humbles et les protègera. En revanche, comment celui qui a le sentiment : « Je suis un personnage important ; tout le monde doit me servir, » pourrait-il jamais réaliser Dieu ?

Il y a des gens qui, tout en priant, ruminent leur vengeance. On ne peut pas plaquer un récipient oxydé avec du plomb. Il faut d'abord le nettoyer, enlever le vert-de-gris. Ainsi, la dévotion ne peut grandir que dans un cœur purifié. Seul un cœur pur peut prendre conscience de la présence intérieure de Dieu.

3. La dévotion : une science pragmatique

Mes enfants, les gens critiquent la dévotion et la spiritualité en disant qu'il s'agit d'une foi aveugle, d'une faiblesse mentale et d'un moyen d'exploiter les croyants. La dévotion n'est pas une foi aveugle. C'est au contraire la foi qui remédie à la cécité. La dévotion est une science pragmatique. Elle favorise l'honnêteté dans la société et nous soulage des souffrances de la vie. La foi en Dieu nous donne la force de rester debout malgré les coups durs de la vie. Quand nous adorons Dieu, nous assimilons ses qualités divines. Combien de gens sont devenus bons et nobles grâce à leur foi en Dieu !

Si nous aimons profondément quelqu'un, nous obéissons à ses paroles. Si un homme aime sincèrement une femme qui lui dit : « Si tu m'aimes, tu vas arrêter de fumer », il cesse aussitôt de fumer. C'est cela, l'amour vrai. L'amour a conduit beaucoup de personnes à abandonner leurs mauvaises habitudes. « J'ai cessé de boire parce qu'elle n'aime pas que je boive. » S'agit-il là d'une faiblesse ? Lorsqu'on prend en compte les bienfaits, ce n'est certainement pas une faiblesse mais une force.

La foi et la dévotion nous empêchent de faire le mal et nous incitent à faire le bien. Grâce aux règles de la circulation, il y a moins d'accidents de la route. La présence de la police et des tribunaux limite l'incidence de la criminalité. De même, la dévotion et la spiritualité sont des moyens pragmatiques de maintenir l'harmonie dans la société. Grâce à elles, les valeurs morales et éthiques sont gravées dans le mental des gens.

La voie de la dévotion souligne les responsabilités de l'individu vis-à-vis de la société. La dévotion envers Dieu et la compassion envers nos frères humains et envers les pauvres sont les deux faces d'une même pièce ; il ne peut pas y avoir l'une sans l'autre. La compassion que nous manifestons envers les pauvres est la véritable adoration de Dieu. La dévotion réelle inspire le dévot : il renonce à désirer des richesses excessives et souhaite servir les pauvres avec l'argent qui lui reste une fois qu'il a satisfait ses besoins.

Les pèlerins qui se rendent à Śhabarimala participent à une cérémonie au cours de laquelle ils se mettent l'*irumuḍi keṭṭu*[3] sur la tête. Au cours de cette cérémonie, la coutume veut que l'on distribue des piécettes aux enfants. Une fois le *hōma* (rituel du feu) et les autres *pūjās* (rituels d'adoration) accomplis, la tradition est aussi de nourrir les pauvres et de leur donner des vêtements et de l'argent. Ainsi, la dévotion nourrit la conscience civique et la compassion. De même, l'adoration des serpents et les autres *pūjās* pour la protection des bosquets sacrés protègent et préservent l'environnement.

Nous n'avons pas besoin de gymnastique intellectuelle, mais de logique pragmatique. On dit aux enfants que s'ils mentent, ils deviendront aveugles. Bien que cela ne soit pas la vérité, ce mensonge inoffensif les guide vers une attitude juste, n'est-ce pas ? Nous ne percevons peut-être pas la logique qui sous-tend certaines coutumes pourtant très bénéfiques. De telles coutumes s'adressent à la population et élèvent son niveau de conscience.

Il y a peut-être des gens qui utilisent la dévotion et la spiritualité comme un moyen d'exploiter les autres. S'il existe de la

---

[3] Un petit baluchon qui comprend deux poches dont le contenu est destiné à être offert au Seigneur.

fausse monnaie, c'est bien parce que les pièces originales ont de la valeur, n'est-ce pas ? Si l'on trouve deux livres vulgaires dans une bibliothèque, cela ne signifie pas que la bibliothèque est entièrement constituée de tels livres.

L'amour et la foi sont les deux plus grands dons que l'être humain ait reçus. Une vie qui en est dépourvue est comparable à un cadavre bien décoré, c'est-à-dire sans vie. Cela ne signifie pas que la logique et l'intelligence ne sont pas nécessaires ; elles le sont, mais à leur juste place. Les ciseaux qui coupent le tissu et l'aiguille qui coud les morceaux ont bien chacun leur utilité. La question n'est pas de savoir si Dieu existe ou non, mais si les êtres humains souffrent. Il nous appartient de trouver des moyens pragmatiques pour alléger la souffrance. La dévotion, c'est le moyen de trouver la solution à ses souffrances à l'intérieur de soi. Son importance et son utilité prévaudront toujours.

4. Bhaya-bhakti

Mes enfants, certains demandent si la peur a la moindre place dans la voie de la dévotion et si *bhaya-bhakti* (la dévotion mêlée de peur) est malsaine. Amma ne dira jamais que *bhaya-bhakti* est malsaine. Bien que la peur n'ait aucune place lorsqu'on atteint la plénitude de la dévotion, *bhaya-bhakti* aide sans nul doute un débutant à progresser sur la voie de la dévotion. Le Seigneur de l'univers distribue les fruits de chaque action à chaque créature. Il protège les vertueux et punit les méchants. La dévotion de celui qui sait que Dieu punit les mauvaises actions contient à la fois du respect et une légère touche de peur. Cette peur éveille en lui le discernement, ce qui lui permet de s'abstenir de faire le mal et lui donne la force de suivre la voie juste.

Bhaya-bhakti ne ressemble pas à la peur que l'esclave a de son maître ; elle n'est pas uniquement constituée de peur, mais aussi du respect qu'un élève a pour son maître et de l'amour innocent d'un enfant pour sa mère. Telle devrait être notre attitude envers Dieu.

Un enfant aime sa mère et sait qu'elle est sa protectrice. Mais il sait aussi que s'il fait une bêtise, sa mère n'hésitera pas à le punir. Son amour pour sa mère est donc teinté de peur. Cette peur le protège de nombreux dangers et lui évite de faire de mauvaises actions. Un enfant peut faire un caprice et être tenté de faire le mal. Mais comme il craint les réprimandes et les punitions de sa mère, il s'évite bien des ennuis. Donc, la crainte de sa mère éveille en lui le discernement et le pousse à suivre la voie juste.

Mais cette peur n'est jamais un obstacle à son amour pour sa mère. Au contraire, elle favorise une croissance spirituelle saine.

Bien souvent, les jeunes enfants font l'effort d'apprendre par peur d'être punis par le maître. Cette peur les aide à surmonter la paresse et à acquérir le savoir. Quand ils arrivent dans les classes supérieures, ce n'est plus la peur qui les pousse à faire des efforts car, entretemps, ils ont acquis le discernement nécessaire. Ils n'éprouvent alors pour le professeur que du respect et ils lui obéissent. La plupart des dévots ont cette attitude envers Dieu.

Au fur et à mesure que le dévot progresse sur la voie de la dévotion, *bhaya-bhakti* évolue et se transforme en *prēma-bhakti* (la dévotion pleine d'amour pur). Il n'y a pas la moindre trace de peur dans *prēma-bhakti*. Par amour pour le Seigneur, le dévot reçoit tout de Dieu avec joie, même les punitions. Toutes les tendances latentes (*vāsanās*) qui le poussent à commettre des erreurs sont balayées par la ferveur de sa dévotion. Un vrai dévot oublie absolument tout et ressemble à un bébé dans le giron de sa mère qui le berce avec amour.

5. Les rituels et les traditions

Mes enfants, dans notre pays, le nombre des croyants augmente. De plus en plus de gens fréquentent les lieux de culte. Pourtant, il ne semble pas que la conscience spirituelle qu'ils manifestent dans leur vie quotidienne augmente dans la même proportion. En réalité, il semble que nous assistions à une dégradation des valeurs éthiques en même temps qu'à une augmentation de la corruption et de l'attachement aux plaisirs sensuels.

Notre conscience religieuse semble largement associée aux rituels et aux traditions. Dans l'ensemble, la plupart des gens ne semble pas avoir compris et assimilé correctement les principes spirituels ; ils ne manifestent que peu de conscience des valeurs spirituelles. Même la connaissance transmise dans les lieux de culte semble davantage viser à promouvoir le sectarisme qu'à promouvoir la conscience des valeurs spirituelles. Des milliers de gens sont prêts à mourir pour leur religion mais peu sont prêts à vivre selon les principes et les valeurs de la spiritualité. Telle est la cause principale de la perte des valeurs universelles dans la société.

La plupart des dévots n'ont aucune connaissance réelle des principes fondamentaux de la religion. Beaucoup ne font que suivre aveuglément les pratiques religieuses de leurs ancêtres. Le chef-jardinier appela un jour quatre de ses ouvriers et donna à chacun une tâche précise : le premier devait creuser des trous, le second y déposer les graines, le troisième arroser les graines et le quatrième remplir les trous de terre. Ils se mirent au travail. Le premier creusa les trous. Le second ouvrier arriva en retard. Le troisième ouvrier, ignorant cela, arrosa. Et le quatrième combla les trous. Tous leurs efforts furent inutiles. Le but était de semer les graines et de faire pousser des plantes mais le second ouvrier ne sema jamais les graines ! Beaucoup de gens religieux se comportent ainsi. Ils exécutent des rituels compliqués mais ne s'efforcent jamais d'assimiler les principes de la spiritualité et de les mettre en pratique. Voilà pourquoi, bien que le nombre des croyants augmente, la société ne semble pas avoir bénéficié de cette dévotion.

Le but essentiel des traditions et des rituels est de permettre aux gens de penser à Dieu et de leur inculquer les valeurs nobles. Les coutumes nous aident à cultiver de bonnes habitudes. Le fait de s'y conformer apporte de la discipline et de l'ordre dans notre vie. Cela dit, il faut d'abord s'efforcer de comprendre les principes spirituels sous-jacents à ces coutumes.

Tant que nous sommes identifiés au corps, nous avons besoin des traditions et des rituels. Il ne suffit pas de déclarer que tout est Dieu, Brahman, le Suprême. Nous n'avons pas l'expérience de cette vérité. Les enfants apprennent à compter à l'aide de bouliers et de bâtonnets. De même, nous avons besoin des traditions et des rituels pour modeler le mental.

Que nous observions ou non les traditions et les rituels, cela ne fait aucune différence pour Dieu. Mais nous avons besoin de cela pour grandir intérieurement. Les traditions et les rituels soutiennent les valeurs nobles et protègent le bien-être de la société. Sans eux, le *dharma* (ce qui est juste, honnête, conforme à la Loi divine) lui-même disparaîtra.

6. Iṣhṭa-dēvatā

Mes enfants, il existe différentes conceptions de Dieu dans différentes religions. En réalité, Dieu n'a ni nom ni forme. Il est sans forme et sans attribut. Mais il n'est pas facile d'adorer le Dieu sans forme, sans attribut. Afin de cultiver la dévotion et la concentration, nous avons besoin de nous adresser à une forme du Divin. Chaque dévot a le droit de vénérer la forme du Divin qu'il/elle aime. C'est ce que l'on appelle *iṣhṭa-dēvatā upāsanā :* l'adoration de la forme du Divin que l'on aime.

Comme la marée qui monte à cause de l'attraction exercée par la Lune, Dieu assume de nombreuses formes en réponse au désir brûlant du dévot. Si on se représente Dieu sous la forme de Śhiva, Il apparaîtra sous cette forme. Si Dieu est adoré sous la forme de Dēvī, Il se manifestera sous la forme de la Déesse. Nous pouvons imaginer n'importe quelle forme, mais nous devons avoir foi en cette forme. Si nous adorons notre *iṣhṭa-dēvatā* (divinité d'élection) avec la conviction qu'il s'agit du Soi suprême, notre adoration culminera dans une vision du Soi. La forme est une échelle. Comme l'ombre disparaît à midi, la forme se fond dans le sans-forme quand la concentration mûrit et devient méditation.

Au lieu d'adorer différentes déités, adorons notre *iṣhṭa-dēvatā*, en considérant qu'il/elle est l'Être suprême. Voyons les autres formes de Dieu comme différents aspects de notre *iṣhṭa-dēvatā*. Si nous adorons différentes déités à divers moments, il nous faudra plus de temps pour obtenir les fruits de notre adoration. Notre mental doit s'ancrer dans la forme et le mantra associés à notre *iṣhṭa-dēvatā*. Si nous voulons creuser un puits, inutile de creuser de petits trous en de nombreux endroits. Nous ne trouverons de l'eau que si nous creusons profondément à un seul endroit. Adorons seulement notre *iṣhṭa-dēvatā*, en Le/La considérant comme l'Être suprême. Ce principe spirituel se reflète dans la coutume des pèlerins de Śhabarimala : quel que soit le temple qu'ils visitent, ils prient à haute voix *Swāmiyē Śharaṇam Ayyappa !* (Accorde-nous refuge, Ô Seigneur Ayyappa !).

La forme de notre *iṣhṭa-dēvatā* ne brillera clairement dans notre cœur que si nous l'aimons. Prions constamment pour avoir la vision de notre déité bien-aimée. Un dévot devrait avoir envers Dieu la même attitude qu'un amoureux envers sa bien-aimée. S'il a vu son aimée dans un sari bleu, chaque fois qu'il voit du bleu, il pense à elle. Qu'il dorme ou veille, il ne pense qu'à elle. Dès qu'il se réveille, ses pensées vont uniquement vers elle. En se brossant les dents ou en buvant son café, il se demande ce qu'elle est en train de faire. Il s'agit de nourrir le même amour dévorant et brûlant pour notre *iṣhṭa-dēvatā*. Nous serons alors incapables de penser à quoi que ce soit ou à qui que ce soit d'autre.

Même la courge amère perd son amertume naturelle et devient sucrée si on la laisse macérer dans le sirop de sucre pendant longtemps. Ainsi, en méditant constamment sur son *iṣhṭa-dēvatā*, le dévot s'unit à Dieu.

7. L'humilité

Mes enfants, parmi les qualités que nous devrions cultiver, la première place revient à l'humilité. Seul celui qui est humble peut recevoir la grâce de Dieu. Soyons humbles dans nos regards, nos paroles et nos actions. En Inde, on peut voir le menuisier toucher son ciseau avec respect avant de commencer à travailler, ou bien les musiciens se prosterner devant leur instrument de musique avant de jouer. Les sages de jadis nous ont légué une culture qui nous enseigne à révérer toute chose. Leur but était ainsi de détruire l'ego en nous.

Quoi que nous fassions, ne laissons jamais l'idée « Je suis l'auteur de l'action » germer en nous. Si nous sommes capables d'agir, c'est uniquement parce que Dieu nous en a accordé la force. Cultivons la conscience de cette vérité. Considérons le travail comme une adoration. L'humilité et la simplicité attirent la grâce de Dieu.

Il était une fois un *mahātmā* (un être éveillé) qui était excessivement humble. Quoi qu'il arrivât, il demeurait humble et acceptait aussi bien les louanges que les insultes avec humilité. Un jour, un *dēvatā* (être céleste) apparut devant lui et lui dit : « Je suis satisfait de ton humilité. Je t'accorde une faveur. Que désires-tu ? »

Le *mahātmā* déclina cette offre mais comme le *dēvatā* insistait, il dit : « Sans que je le sache, puisse chacune de mes actions être une bénédiction pour le monde ».

« Qu'il en soit ainsi », dit le *dēvatā*, puis il disparut.

À partir de ce jour, tout ce sur quoi tombait son ombre était comblé de bénédictions : la terre et toutes ses créatures, animées ou inanimées, etc. Les terres désertiques qu'il traversait verdoyaient. Les arbres flétris, les plantes fanées revivaient et ployaient du fait de l'abondance des fleurs et des fruits. Les cours d'eau étaient remplis d'eau pure et fraîche. Sa présence redonnait force et courage à ceux qui étaient fatigués. Elle apportait le réconfort aux mères en deuil et insufflait la joie dans le cœur des jeunes enfants. Le *mahātmā* n'avait pas conscience de tout cela et continuait à vivre comme un homme ordinaire.

L'humilité est présente en nous. Elle est notre nature réelle. Mais jamais nous n'avons essayé consciemment de l'éveiller. Si nous sommes réticents à nous comporter avec humilité, la nature nous forcera à le faire. À mesure que la vie nous apporte des expériences amères, nous apprenons naturellement à nous comporter avec humilité.

Quelles que soient les nobles qualités que possède un être humain, aucune d'entre elles ne brillera s'il manque d'humilité. Inversement, s'il est humble, il sera apprécié de tous même s'il a de nombreuses faiblesses. Comme l'eau qui coule vers la vallée, la grâce de Dieu coulera vers lui.

8. L’ego, notre pire ennemi

Mes enfants, notre pire ennemi est l’ego. Il nous rend inhumains. La plupart des gens croient que l’ego constitue le fondement de la réussite. Dans le monde du travail, les gens ont peut-être le sentiment qu’on ne peut pas effacer totalement l’ego. Cela dit, veillons à garder l’ego sous notre contrôle. Quel que soit le milieu où nous travaillons, nous devons apprendre à gérer avec maturité le sens de l’ego. Sinon, cela nuira et à l’individu et à la société.

Prenons l’exemple d’une famille. Si le chef de famille ne peut pas s’en remettre aux autres membres de la famille ou respecter les opinions de sa femme et de ses enfants, comment la paix et le bonheur pourront-ils régner dans le foyer ? Il n’y aura que des conflits, des disputes et une absence de consensus dans ce petit monde composé de trois ou quatre personnes.

Qu’il s’agisse des affaires, de politique ou de n’importe quel autre domaine, le plus grand problème est une compétition hostile entre ceux qui travaillent dans le même domaine. La cause primordiale de ce problème, c’est un ego incontrôlé. Un tel antagonisme est monnaie courante entre les membres d’un même parti politique, entre des partis rivaux et entre des associés en affaires. Un individu ou quelques personnes s’engagent dans une lutte acharnée pour dominer les autres. Dans de telles situations, on peut voir comment certains individus tourmentent sans merci leurs opposants par des manœuvres tactiques, par le harcèlement psychique ou même physique, dans une tentative pour démontrer leur puissance. Pour cela, ils ont recours à n'importe quel moyen. Ils deviennent insensibles à la souffrance et au chagrin des autres. Quand on ne peut voir et penser qu'à travers le point de vue minuscule du « moi » et du « mien », on perd la capacité d'être patient, de pardonner et de sympathiser. Une fois que l'on est déterminé à obtenir quelque chose à tout prix, nous n'aurons aucun scrupule à blesser les autres pour notre profit personnel.

Amma se rappelle une histoire. Un homme va trouver son avocat pour discuter d'un procès en cours. Il avait des doutes sur l'issue du procès. Il dit à son avocat : « Je ne pense pas que je vais gagner. Il faut que vous trouviez un moyen. » Après un moment de réflexion, il dit : « Je sais que le juge qui préside le tribunal est fou de cricket. Je me disais que je pourrais peut-être lui offrir un billet d'avion en classe affaires pour aller assister au match Inde-Australie qui aura lieu en Australie... »

En entendant cela, l'avocat dit : « Le juge est très fier de son honnêteté et de son impartialité. Il est impossible de le corrompre. Si nous employons un tel moyen, il sera furieux et indigné, il se retournera contre vous. Je vous laisse imaginer l'issue du procès. »

Le juge trancha en faveur de l'homme. Pour célébrer la victoire, il invita son avocat au restaurant. L'avocat lui dit : « Qu'en pensez-vous maintenant ? Si vous lui aviez envoyé un billet gratuit pour aller voir le match en Australie, vous imaginez quel aurait été le verdict ? »

L'homme répondit : « Oh, j'allais justement vous en parler. Je vous suis immensément reconnaissant de votre précieux conseil. En fait, j'ai bien envoyé un billet gratuit au juge, mais je l'ai fait au nom de mon adversaire ! »

Mes enfants, des actions aussi abjectes nous enfoncent plus profondément dans les tranchées de l'ego. Elles nuisent à la société, elles nous nuisent. Et par-dessus tout, nous sacrifions notre intégrité.

L'ego est comparable à une prison. Celui qui ne maîtrise pas l'ego ne peut pas connaître la joie et la paix que procure la liberté. Une telle personne jouira peut-être de la richesse et de la prospérité matérielles mais ne connaîtra jamais ni la paix intérieure ni le contentement car elle ne pense qu'à elle et à ce qu'elle peut obtenir. Le mental d'une telle personne est pareil à la cellule d'une prison. La véritable liberté, c'est la libération de l'ego. Seule la spiritualité peut nous donner cette liberté.

Il n'y a pas de contradiction entre le fait de contempler les principes de la spiritualité et celui d'acquérir la prospérité matérielle. Celui qui suit la voie de la spiritualité accomplira infailliblement ses devoirs envers la société, même s'il recherche des gains matériels. Plus que la pensée du « moi » et du « mien », ce qui motive de telles personnes, c'est le désir de comprendre la douleur et le chagrin d'autrui et de manifester de l'amour et de la compassion envers ceux qui souffrent. Elles prennent la responsabilité d'aider ceux qui sont en détresse. Elles ne sont pas esclaves de l'ego. Elles s'efforcent sincèrement de transcender les limites de l'ego.

Mes enfants, l'ego est en réalité un fardeau. Une fois que l'on a compris cela, il ne sera pas difficile de le déposer. La plupart des gens ne voient pas, ne comprennent pas qu'ils ont un ego. On entend dire : « Oh untel a un ego énorme ! ». Si nous nous rendons compte au contraire de l'énormité de notre ego, le fardeau s'envolera. Nous connaîtrons alors la vraie liberté.

9. L'ego

Mes enfants, beaucoup de gens confient à Amma : « Je suis incapable de rire de bon cœur. Quelle que soit la personne à qui je parle, je ne peux pas lui ouvrir mon cœur. Je suis toujours triste. »

Quand nous regardons autour de nous, nous voyons que toutes les créatures dans la nature vivent dans la joie, excepté les êtres humains. Les arbres et les plantes dansent de béatitude sous la caresse du vent. Les oiseaux gazouillent avec insouciance. Les rivières gargouillent en coulant. Partout règne la béatitude. Pourquoi l'être humain seul est-il malheureux bien qu'il soit entouré de tant de joie ?

La nature n'a pas à supporter le poids de l'ego. Elle n'a pas la notion du « moi ». Seuls les êtres humains ont un ego. Si nous nous accrochons à l'ego, nous serons malheureux. Si nous l'abandonnons, nous aussi pourrons vivre avec insouciance et dans la joie.

Tant que l'on conserve la notion de l'ego, il est impossible de trouver sa véritable force intérieure. Quand les rideaux sont fermés, on ne peut pas voir le ciel à l'extérieur. Mais si on ouvre les rideaux, le ciel devient visible. De même, on ne peut contempler son vrai Soi qu'à condition de se libérer de l'ego.

Il était une fois un sculpteur qui avait affreusement peur de la mort. Il cherchait désespérément un moyen d'échapper à la mort. Finalement, il eut une idée. Il sculpta douze statues de lui-même. Elles étaient de grandeur nature et paraissaient vivantes. Quand le dieu de la Mort arriva, il vit treize personnages identiques.

Incapable de découvrir le sculpteur, le dieu de la Mort réfléchit un moment. Puis il dit : « Ces statues sont exceptionnelles, mais il y a un défaut en chacune d'elles. »

Alors le sculpteur, entendant ces paroles, bondit et s'écria : « Mes statues ont un défaut ? Lequel ? »

Le dieu de la Mort dit : « Voilà le défaut ! » et emporta aussitôt l'âme du sculpteur.

Quand on pense : « Je suis l'auteur de l'action », il en résulte la souffrance. Cette pensée même nous enchaîne à ce monde. Que nous fassions une *pūjā*, un rituel d'adoration ou que nous nettoyions les égouts, l'idée « C'est moi qui accomplis cette action » souille le mental et il est difficile de nettoyer un tel mental. Efforçons-nous d'accomplir toute action comme une offrande à Dieu. C'est seulement ainsi que notre mental deviendra pur. Une fois que l'on est monté dans le bus, inutile de continuer à porter son bagage. On peut le poser. De même, une fois que l'on a pris refuge en Dieu, on peut lui offrir le fardeau de son ego et être libéré de la souffrance intérieure.

10. Surmonter ses faiblesses

Mes enfants, il est naturel de commettre des erreurs. Il peut y avoir des imperfections dans notre comportement et dans nos actions. Nous avons peut-être des défauts de caractère. Mais la plupart des gens se justifient quand ils commettent une erreur, font une gaffe ou subissent un échec. Ils s'efforcent de camoufler leurs défaillances. Ils vont même parfois jusqu'à affirmer que c'est quelqu'un d'autre qui a commis l'erreur et qu'ils n'y sont pour rien. Quoi qu'il en soit, ce n'est pas en blâmant autrui que l'on peut vaincre ses imperfections. Les expériences amères vécues dans l'enfance laissent parfois des cicatrices indélébiles dans le mental ou même le déforment. Nous ne résoudrons pas le problème en blâmant nos parents. Nos faiblesses risquent au contraire de s'accentuer et de nuire à la qualité de nos relations avec les autres.

Un médecin examine un malade et lui dit : « Il sera difficile de vous guérir complètement car il s'agit d'une maladie génétique, héréditaire. »

Le malade interrompt aussitôt le docteur : « Bien, si c'est le cas, alors envoyez la facture du traitement à mes parents ! »

L'homme n'a pas pensé : « Que puis-je faire pour enrayer la maladie ? » Il a trouvé plus commode d'en faire porter la responsabilité à ses parents et d'oublier qu'en prenant des remèdes, en faisant régulièrement de l'exercice et en surveillant son régime, il pouvait enrayer la maladie. Beaucoup d'entre nous réagissent comme ce malade lorsqu'ils sont confrontés à leurs insuffisances et à leurs faiblesses.

C'est notre ego, c'est notre vanité qui nous poussent à dissimuler nos erreurs et à blâmer les autres. Il s'agit donc de triompher de l'ego. Sinon, que ce soit dans la vie spirituelle ou dans les choses du monde, nous subirons la défaite. En cas d'échec, tournons-nous vers l'intérieur et analysons nos faiblesses et nos insuffisances. Puis, affrontons-les avec courage. Faisons des efforts sincères pour vaincre nos faiblesses. Admettons-les, affrontons-les et surmontons-les, telle est la progression.

Ne cachons pas nos faiblesses, ne les fuyons pas en blâmant les autres. Si nous avons l'esprit assez ouvert pour assumer la responsabilité de nos échecs, si nous faisons des efforts sincères, nous pouvons surmonter n'importe quelle faiblesse.

11. Le remords

Mes enfants, l'erreur est humaine. Tout le monde commet des fautes. Faire ce qu'on ne doit pas faire et ne pas faire ce qu'on devrait faire, les deux sont incorrects. Certains font des erreurs sans le savoir, d'autres sous la pression des circonstances. Que ce soit l'un ou l'autre, la première étape est d'en prendre conscience.

Une fois que l'on a pris conscience de son erreur, il faut se repentir. Le repentir est une forme d'expiation. Il n'existe pas de faute qui ne puisse être lavée par les larmes du remords. Cela dit, une fois que l'on sait ce qui est correct, il s'agit de ne pas répéter son erreur. Il faut se repentir sincèrement et non pas feindre le repentir devant les autres comme le font certains.

Un jeune garçon se fit pickpocket. Cette mauvaise habitude plongea sa mère dans une profonde détresse ; elle demanda à son fils de confesser son péché au prêtre d'un temple voisin et d'implorer son pardon. Le jeune garçon déroba le portefeuille d'un homme d'affaires puis le lendemain, il alla trouver le prêtre et lui dit : « Ô prêtre, hier, j'ai péché : j'ai détroussé un homme d'affaires. »

Alors le prêtre répondit : « Tu as commis un grand crime. Va trouver cet homme et rends-lui aussitôt son portefeuille. »

Le garçon retrouva l'homme d'affaires, lui rendit le portefeuille et rentra chez lui. Ce soir-là, la mère vit son fils compter l'argent d'une épaisse liasse de billets. Quand elle lui demanda comment il s'était procuré autant d'argent, il répondit : « Quand je suis allé avouer mon crime au prêtre, j'ai piqué l'argent de la caisse qui se trouvait à côté de lui. »

Notre remords doit être sincère et ne pas ressembler à celui du garçon.

Une fois que l'on a pris conscience de son erreur, il faut prendre la ferme résolution de faire amende honorable et de ne plus jamais recommencer. Quand nous faisons quelque chose de mal, notre conscience murmure doucement : « Ne fais pas cela ! Abstiens-toi ! » Si nous écoutons notre conscience, nous ne ferons pas ce qui est incorrect.

Nous agissons parfois par ignorance et commettons une erreur. Dieu pardonne de tels péchés. Mais si nous répétons les mêmes erreurs, Il ne nous pardonnera pas. Il ne faut donc pas récidiver.

La vie humaine est un voyage de l'erreur à la vérité. Bien qu'il puisse nous arriver de commettre des erreurs, efforçons-nous de nous corriger.

Essayons de faire en sorte que chacune de nos pensées, de nos paroles et de nos actions soit noble. Même si nous faisons une petite erreur, repentons-nous et corrigeons-nous. C'est le seul moyen de remporter la victoire ultime, de gagner la joie et la paix éternelles.

12. La voie qui mène à la Paix

Mes enfants, nous désirons tous la paix et le bonheur. Malgré cela, le chagrin, la frustration et la déception sont souvent notre lot. Pourquoi ne connaissons-nous pas la paix et le bonheur ?

Pour goûter la paix et le bonheur, il faut d'abord avoir une compréhension correcte de la vie. Peu importe le montant de la fortune d'un homme : s'il ignore son existence, elle ne lui est d'aucune utilité. De même, tant que nous ignorons notre vraie nature, nous ne sommes pas capables de vivre en harmonie avec le monde et d'accomplir correctement les devoirs qui nous incombent (*dharma*).

Un groupe de voyageurs se rendait dans un village éloigné. Ils arrivèrent à une forêt et près de là découvrirent un lac. Ils laissèrent leurs affaires sur la rive et partirent nager. Quand ils revinrent, toutes leurs affaires avaient disparu. Des voleurs avaient tout dérobé ! Les voyageurs se mirent aussitôt à leur poursuite. En chemin, ils virent un homme qui se reposait à l'ombre d'un arbre ; c'était un *mahātmā* (un être éveillé). Les voyageurs lui demandèrent s'il avait vu passer des voleurs. Le *mahātmā* répondit : « Vous êtes fâchés parce qu'on a volé vos affaires. Réfléchissez un moment : les voleurs, ceux qui ont dérobé votre bonheur, sont-ils à l'intérieur ou à l'extérieur ? Voulez-vous récupérer ce que vous avez perdu ou bien voulez-vous trouver une richesse que vous ne pourrez jamais perdre ? Réfléchissez ! »

Les voyageurs perçurent la sagesse contenue dans les paroles du *mahātmā* et devinrent ses disciples.

Une richesse infinie réside en chacun de nous. Mais parce que nous n'en avons pas conscience, nous errons en tous sens et cherchons le bonheur dans les objets du monde. Certains luttent pour acquérir des richesses et du pouvoir, d'autres pour obtenir la célébrité, la gloire. Dans les deux cas, ils croient à tort qu'une fois leur but atteint, ils goûteront la paix et le bonheur. Mais on ne trouve pas le bonheur grâce aux choses extérieures. En réalité, les désirs sont un obstacle au bonheur. Pour que le bonheur se révèle, il faut d'abord que le mental cesse de désirer sans cesse une chose après l'autre. Le premier pas vers la paix et le bonheur, c'est d'assimiler clairement cette vérité, de l'établir dans notre cœur.

Le Soi est la source de la béatitude éternelle et de la paix. Inconscients de cela, certains cherchent le réconfort dans l'alcool et dans la drogue. Non seulement ils ruinent ainsi leur propre vie, mais ils font du mal à leur famille et à la société. La spiritualité nous permet de comprendre ce que nous sommes, qui nous sommes en réalité. Cette compréhension nous fait prendre conscience de nos responsabilités ; une fois cela acquis, nous vivrons d'une manière qui sera bénéfique à la fois pour nous et pour le monde.

13. Les difficultés de la vie

Certains déclarent : « Depuis des années, je ne manque jamais d'aller prier dans les temples et pourtant, je suis toujours pauvre et mes ennuis continuent. Je me demande parfois à quoi cela sert que j'appelle Dieu ! ».

Mais faisons-nous vraiment confiance à Dieu ? Si c'était le cas, nous connaîtrions la prospérité, tant matérielle que spirituelle. Aucun *mahātmā* (être éveillé) n'est jamais mort de faim. Celui qui s'abandonne vraiment à Dieu ne connaît pas le chagrin. Mais, objecteront certains, Kuchēla[4] n'a-t-il pas souffert de la pauvreté ? Cela n'est pas totalement correct. Il n'avait pas le temps de s'affliger car il était toujours absorbé dans la pensée de Dieu ! Son amour innocent pour Dieu lui donna la force de rester joyeux malgré sa pauvreté écrasante. Son abandon à Dieu le délivra de son destin de pauvre et attira la prospérité dans sa vie.

Personne ne va au temple uniquement pour avoir le *darśhan* du Seigneur. Même quand nous sommes devant Dieu, nous ne Lui parlons que des choses de ce monde. Notre dévotion n'est pas pure et désintéressée ; nous ne prions que pour la satisfaction de nos désirs. Il ne s'agit pas de n'avoir aucun désir, mais notre amour pour Dieu devrait être plus grand que l'intérêt que nous portons à la satisfaction de ces désirs.

Le Seigneur Kṛiṣhṇa était un jour assis sur les rives de la Yamunā avec les *gōpīs* (laitières) qui buvaient en extase ses

[4] Un dévot du Seigneur Kṛiṣhṇa. Il était très pauvre, mais par la bénédiction du Seigneur, il devint fabuleusement riche.

douces paroles. Il leur demanda : « Que faites-vous quand vous avez des ennuis, des difficultés ? ».

Une *gōpī* dit : « Je prie, Ô Seigneur, pour que Tu me délivres de mes ennuis ».

Une autre *gōpī* dit : « Je Te prie, Ô Seigneur, d'être toujours à mes côtés. En été, quand la brise fraîche souffle, on ne ressent pas la chaleur brûlante de la canicule avec la même intensité. Ainsi, quand le Seigneur est avec moi, aucune des épreuves de la vie ne m'affecte. »

Une autre *gōpī* dit : « Face aux difficultés, je prie le Seigneur de me donner la force de les surmonter. »

Rādhā écoutait silencieusement toutes ces réponses. Le Seigneur lui demanda : « Ô Rādhā, pourquoi gardes-tu le silence ? Comment affrontes-tu les difficultés ? »

« Je médite sur le Seigneur, en pensant à Lui dans mon cœur. »

« Ne Lui adresses-tu aucune prière ? »

« Quand Ta forme resplendit avec éclat dans mon cœur, où le chagrin pourrait-il se loger ? Quand le jour se lève, les ténèbres disparaissent naturellement. Je n'ai jamais éprouvé le besoin de prier pour quoi que ce soit. »

Un vrai dévot ne se soucie pas des épreuves que lui envoie la vie. Totalement abandonné à Dieu, il n'a aucune inquiétude, comme un enfant qui repose dans le giron de sa mère.

14. Le temps, notre bien le plus précieux

Mes enfants, le temps est ce que nous avons de plus précieux. Si nous perdons un million de dollars, nous pourrons peut-être les récupérer. Mais on ne peut pas rattraper le temps perdu. Beaucoup de gens ne prennent conscience de la valeur du temps que dans les derniers moments de leur vie.

Alexandre le Grand, qui avait conquis le monde entier, ne comprit la valeur inestimable du temps que sur son lit de mort. Quand il sentit que la mort pouvait l'emporter à tout instant, il dit à son entourage : « Si quelqu'un peut me faire don d'une seule respiration, je suis prêt à lui donner la moitié de mon empire en compensation. J'ai tenté de conquérir les nations, d'amasser des richesses, et j'ai ainsi gâché mon temps et ma santé, les biens les plus précieux. Maintenant, je me rends compte que toutes mes richesses sont inutiles face à la mort : je ne peux pas la repousser d'un seul instant. »

Seule l'expérience peut nous enseigner la valeur du temps. Si nous comprenions réellement sa valeur, nous chéririons chaque moment de notre vie comme un trésor inestimable.

Un homme reçut un jour une lettre lui demandant de se présenter à un entretien. Il s'agissait d'un emploi qu'il désirait depuis longtemps. Pour se rendre dans la ville où avait lieu l'entretien, il devait prendre deux avions avec une escale d'une demi-heure. Il décida de prendre une collation dans un restaurant de l'aéroport. L'addition se montait à cinq cents roupies.

Alors l'homme s'exclama : « Mais c'est beaucoup trop cher ! Je n'ai pas mangé grand-chose ! ».

En le voyant fâché, le caissier réduisit l'addition de cent roupies. Mais l'homme insista et déclara qu'il ne paierait pas plus de trois cents. Le caissier finit par céder devant sa détermination. L'homme, triomphant après sa victoire sur le caissier, se rendit en flânant à la porte d'embarquement. Et c'est là qu'il apprit que son vol avait décollé cinq minutes auparavant. Occupé à marchander un modique rabais, il avait oublié son but. Il perdit ainsi l'occasion d'obtenir l'emploi dont il rêvait depuis des années.

Certains se plaignent que la période actuelle ne leur est pas favorable. Le moment est toujours favorable, mais nous n'en faisons pas usage. C'est nous qui décidons si la période joue pour ou contre nous. Inconscients de cette réalité, nous devenons esclaves des circonstances. Si nous restons les bras croisés en attendant une période favorable, nous laisserons échapper beaucoup de belles occasions. N'attendez pas le moment favorable pour faire une bonne action. Si une action est bonne, faites-la tout de suite.

15. Se libérer de la souffrance

Mes enfants, consciemment ou non, ce que nous cherchons à travers chacune de nos actions, c'est le bonheur. Nous aspirons à être libérés de la souffrance. Mais notre quête n'est pas forcément éclairée ni réfléchie.

L'expérience de la souffrance nous apporte toujours un message. Par exemple, on touche par mégarde la flamme d'un fourneau en travaillant dans la cuisine et on se brûle la main. Imaginez que l'on n'éprouve aucune douleur. Quel serait le résultat ? C'est parce qu'on ressent la douleur que l'on retire aussitôt la main de la flamme. Ainsi, la douleur et le chagrin qui surviennent dans notre vie quotidienne nous signalent qu'il est temps d'opérer un changement. Nous essayons généralement de changer les circonstances extérieures et cela nous apporte parfois un répit. Mais si on veut être libéré de la souffrance une fois pour toutes, il faut changer radicalement sa vision des choses et son attitude.

Un dévot allait régulièrement voir un *mahātmā* (un être éveillé) et se plaignait à lui de tous les problèmes qu'il rencontrait dans sa vie. Un jour, quand il commença à se plaindre, le *mahātmā* lui demanda d'apporter un verre d'eau et une poignée de sel. Puis le *mahātmā* lui dit de mettre la moitié du sel dans le verre d'eau et de bien remuer. « Maintenant, bois cette eau et dis-moi quel goût elle a », dit le *mahātmā*.

Le dévot fit ce qu'on lui disait et dit : « L'eau est trop salée, elle n'est pas potable ! »

Puis le *mahātmā* l'emmena au bord d'un lac et lui dit d'y jeter le reste du sel avant de puiser dans le lac et de boire une gorgée de son eau.

Le dévot but une gorgée et trouva l'eau fraîche et pure. Le *mahātmā* lui demanda si elle n'était pas salée. « Non, pas du tout ! », répondit le dévot.

Alors le *mahātmā* lui dit : « Le sel représente les épreuves de la vie et l'eau fraîche, la béatitude innée qui est en nous. L'eau du verre est devenue imbuvable quand tu y as ajouté une petite quantité de sel. Mais la même quantité de sel n'a en rien modifié la fraîcheur de l'eau du lac. Notre mental est aujourd'hui aussi petit que ce verre. Si tu le rends vaste comme ce lac, si tu éveilles ton bonheur intérieur, alors aucune souffrance ne pourra t'atteindre. »

Le bonheur est notre état naturel. Mais quand on accorde une importance excessive à des problèmes qui sont source de souffrance, le mental se fixe là-dessus. C'est alors que nous devenons la proie impuissante de la souffrance.

Laissons les oiseaux du chagrin passer au-dessus de nous, mais ne leur permettons jamais de construire leur nid sur notre tête. Au lieu de ruminer constamment vos problèmes, soyez créatifs, travaillez. Aidez les autres de toutes les manières possibles. Alors le mental, le cœur deviendra vaste comme le ciel. Le lourd fardeau du chagrin disparaîtra et vous ferez l'expérience de la béatitude du Soi.

16. Le service désintéressé

Mes enfants, toutes les religions accordent beaucoup d'importance au service désintéressé. Il purifie le cœur, le mental et nous rend digne de recevoir la grâce de Dieu. Mais il s'agit de servir sans nourrir aucune attente. Nous ne devrions rien attendre, pas même une parole de remerciement ou d'appréciation. Si on attend quelque chose, cela équivaut à travailler pour un salaire. Un tel travail ne contribue pas à purifier le cœur.

Quand on agit sans le moindre désir personnel, l'égoïsme disparaît de notre cœur, au moins pendant la durée du travail. Un tel travail purifie le mental, le cœur. Mais si on fait du bénévolat dans le but d'obtenir *puṇya* (des mérites spirituels), de la reconnaissance ou une rémunération, on passe à côté du but même du service.

Beaucoup de gens font des dons aux temples ou aux églises et attendent en retour des compliments, de la reconnaissance. Certains offrent des néons aux temples et y font imprimer des messages comme « Don de M. Untel », ce qui voile la lumière. De telles personnes veulent proclamer à tous qu'elles ont fait un don et elles sont mécontentes si elles ne reçoivent pas au moins des remerciements.

Un homme riche alla un jour prier dans un temple. Il fit un don important mais le prêtre reçut cet argent sans le remercier ni le louer pour son geste. Le riche déclara : « Je suis sûr que personne n'a jamais fait don d'une somme aussi énorme à ce temple... »

Le prêtre toléra cette autoglorification pendant quelque temps. Mais comme le donateur ne semblait pas près d'arrêter, le prêtre dit : « Pourquoi vous vanter ainsi ? Attendez-vous de moi que je vous remercie pour ce don ? »

« Qu'y a-t-il de mal à attendre une parole de gratitude pour la somme que j'ai donnée ? » demanda le riche.

Le prêtre répondit : « Vous devriez être reconnaissant que le temple ait accepté votre don. Ce n'est qu'une infime fraction de la richesse de Dieu que vous avez accumulée. Vous ne recevrez Sa grâce que si vous donnez sans orgueil. Vous devriez être heureux d'avoir eu l'occasion de servir Dieu et Ses dévots. Si vous n'éprouvez pas cette gratitude, il vaut mieux reprendre votre argent. »

C'est le mental qu'il faut offrir à Dieu. Lui offrir ce à quoi le mental est attaché revient à Lui offrir le mental. En vérité, rien ne nous appartient ; tout appartient à Dieu. Remercions-Le de nous donner la capacité et la chance de servir. Comprenons bien que même notre corps, notre mental et notre intellect sont des cadeaux de Dieu ; nous serons alors libérés de l'orgueil et de l'égoïsme. Une fois libérés de l'orgueil, nous serons aptes à recevoir la grâce de Dieu.

17. Le calme du mental

Mes enfants, le mental est un flot de pensées. Il ne s'arrête pas un seul instant de penser. Sur les routes, la circulation est parfois rapide et frénétique, parfois lente et calme. Mais il en va autrement du flot des pensées : bien souvent il ne cesse même pas pendant le sommeil. La nature du mental est de ruminer le passé et de s'inquiéter de l'avenir.

Un homme d'âge moyen voyageait dans un train. Un jeune homme, assis à côté de lui, lui demanda : « Quelle heure est-il, s'il vous plaît ? »

L'homme répondit : « Taisez-vous ! »

Un autre passager, témoin de cet échange, lui demanda : « Il vous a juste demandé l'heure. Pourquoi vous mettre dans une telle colère à cause d'une question aussi banale ? »

L'homme répondit : « C'est vrai, il m'a simplement demandé l'heure. Imaginez que je lui donne l'heure. Il se mettra à parler du temps qu'il fait. Puis il discutera des gros titres du journal d'aujourd'hui et ensuite de politique. Il me posera des questions sur ma famille et je l'interrogerai peut-être sur la sienne. À l'arrivée, comme nous aurons fait connaissance, je l'inviterai peut-être à venir chez moi et même à y passer la nuit. J'ai une fille très belle et elle pourrait tomber amoureuse de lui. Ou bien il pourrait tomber amoureux d'elle. Je n'accepterai jamais que ma fille épouse quelqu'un qui ne possède même pas une montre. C'est pourquoi je lui ai aussitôt ordonné de se taire afin de couper court à toute conversation. »

Si quelqu'un nous demande l'heure, nous pouvons soit lui répondre soit garder le silence. Quel besoin avait donc cet homme d'imaginer autant d'événements possibles dans le futur ? L'agitation, le conflit dans son mental ont perturbé la paix intérieure des autres passagers.

Si le mental nous ordonne d'arrêter de marcher, nos jambes cesseront aussitôt de bouger. Si le mental dit « stop » pendant que nous frappons dans nos mains, les mains s'arrêtent immédiatement. Mais si nous disons au mental d'arrêter de penser, le fera-t-il ? Non. Cela dit, nous devrions être capables de stopper le mental. Voilà pourquoi nous pratiquons la méditation. Pour allumer ou éteindre la télévision et d'autres appareils, nous utilisons une télécommande. De même, la méditation peut nous aider à acquérir la maîtrise du mental.

Par-dessus tout, pour réaliser sa nature véritable, il faut un mental tranquille. Seul ce calme nous donne la possibilité de goûter la béatitude suprême et la paix. Puissent mes enfants réussir à s'éveiller à cet état.

18. La maturité

Mes enfants, lorsque nous sommes confrontés à des situations difficiles, nous tentons rarement de découvrir la cause réelle de ces difficultés. Mais à moins que nous le fassions, nous ne trouverons pas de solution permanente à ces problèmes. Si par exemple un petit enfant a faim et se met à pleurer, la mère essaie de le calmer en lui donnant des jouets. L'enfant se laissera distraire un moment. Mais quand sa faim augmente, il se met à crier encore plus fort. Il ne cesse de pleurer que lorsqu'on lui donne à manger.

Certains se tournent vers la drogue et l'alcool pour oublier leurs problèmes. Non seulement ces drogues ne résolvent rien mais elles détruisent la santé de la personne, la ruinent et rompent les liens familiaux.

Deux amis eurent un jour une conversation. L'un demanda à l'autre : « J'ai appris que tu t'étais mis à boire. Pourquoi ? »

Son ami répondit : « J'ai beaucoup de problèmes en ce moment et j'essaie de noyer ma tristesse dans l'alcool. »

« Et alors ? As-tu réussi à noyer tes chagrins ? »

« Non, mon ami. Mes problèmes ont appris à nager dans l'alcool ! »

La racine de tous nos problèmes, c'est notre désir obstiné que tout se passe selon notre volonté, selon ce que nous aimons ou n'aimons pas. Cette obstination est la source de toutes nos négativités, ce qui inclut la colère, la haine et la jalousie. L'obstination est comme un virus informatique qui efface toutes les données.

Elle sape notre discernement et détruit notre paix intérieure. On perd alors la maîtrise de soi.

Il est impossible de changer le monde selon nos caprices et nos fantaisies. Il nous faut au contraire apprendre à nous adapter à la situation et y répondre avec discernement. Il faut apprendre à accepter ce qu'on ne peut pas changer. Une rose parfumée est entourée d'épines. Si nous insistons pour que le buisson de roses n'ait que des fleurs et pas d'épines, ce souhait n'est pas réalisable. La nuit succède toujours au jour ; la peine succède à la joie. Il nous faut accepter les deux. Une tortue ne se comportera jamais comme un éléphant. Inversement, un éléphant ne sera jamais une tortue. Voyons chaque créature telle qu'elle est et acceptons la tortue comme une tortue et l'éléphant comme un éléphant. Dans le bonheur, n'allons pas au septième ciel ; dans le malheur, ne nous effondrons pas. Quelle que soit la situation, demeurons satisfait et joyeux. La capacité de se comporter ainsi est la définition de la maturité.

Pour acquérir la maturité, il faut cesser d'être obstiné. Seul un mental doté de maturité est capable de faire face à toutes les difficultés de la vie avec sagesse.

19. Le véritable ami

Mes enfants, le changement est la nature de la vie. Le bonheur comme le malheur peuvent arriver sans prévenir. Rien ne dure éternellement en ce monde. L'ami d'aujourd'hui sera peut-être l'ennemi de demain. Dieu est notre seul ami véritable. Nous aurons beau avoir une grande famille, une fortune immense, rien de tout cela ne peut nous procurer un bonheur durable. C'est pourquoi il nous faut développer un lien intérieur avec Dieu seul.

Nous arrosons les racines d'un arbre et non ses branches car ainsi, l'eau nourrira toutes les parties de l'arbre. De la même façon, en aimant Dieu, nous aimons toute la création. De cette manière, nous ne serons pas esclaves d'un attachement excessif envers qui que ce soit, même si nous menons une vie de famille.

L'histoire de la boule de terre et de la feuille sèche qui jouaient à cache-cache est bien connue. C'est une histoire pour les enfants mais elle possède un sens profond. La boule de terre et la feuille sèche jouaient quand soudain, le vent se mit à souffler. La boule de terre s'inquiéta : « Oh non ! La feuille sèche risque d'être emportée par le vent ! ». Pour sauver la feuille sèche, la boule de terre se posa sur elle. Puis au bout d'un moment, il se mit à pleuvoir. La feuille sèche couvrit la boule de terre pour éviter que la pluie l'emporte. Plus tard, le vent souffla et la pluie tomba. Alors la feuille fut emportée et la boule de terre aussi.

C'est la même chose pour nous. Si nous dépendons des autres, nous aurons de petites victoires, de petits bénéfices. Mais personne ne pourra nous aider en cas de difficulté majeure. Notre seul refuge, la seule grâce qui nous sauvera, ce sera l'abandon à Dieu. Seul l'abandon à Dieu peut nous assurer une paix durable et le contentement.

Cela ne signifie pas qu'il ne faut pas aimer notre conjoint ou nos enfants, qu'il faut les considérer comme des étrangers. Aimons-les et protégeons-les, mais n'oublions jamais que Dieu est notre seul véritable ami. Tous les autres nous quitteront un jour ou l'autre. C'est pourquoi, prenons refuge en Dieu seul et considérons les difficultés que nous rencontrons dans la vie comme du combustible pour notre vie intérieure. Si nous agissons ainsi, alors nous goûterons la paix et le bonheur tout en menant une vie de famille.

Prendre refuge en Dieu ne signifie pas que nous ne connaîtrons ni le chagrin ni les difficultés. Elles sont inévitables, mais leur importance se trouvera grandement réduite. De plus, même au milieu des difficultés, nous garderons la confiance en nous et le contentement intérieur.

Il suffit d'attraper la reine de la ruche ; toutes les abeilles suivront. Ainsi, si nous prenons refuge en Dieu, la prospérité aussi bien matérielle que spirituelle nous sera accordée.

20. Le Seigneur Rāma

Mes enfants, Dieu s'incarne sur terre quand l'*adharma* (ce qui est contraire à la Loi divine) fleurit et que le *dharma* (ce qui est conforme à la Loi divine) décline, dans le but de réinstaurer le *dharma*. Śhrī Rāma, qui naquit il y a des milliers d'années le neuvième jour du mois de *Chaitra* (mars-avril), était, dit-on, la personnification même du *dharma*.

Les *avatars* (incarnations divines) enseignent par l'exemple de leur vie. Ils reflètent les limites de l'époque à laquelle ils vivent. Comme tout le monde, ils traversent des épreuves et des tribulations. Ils nous enseignent comment, au lieu de fuir les problèmes, vivre au milieu des difficultés sans compromettre ses idéaux et ses valeurs. Ils nous montrent comment affronter les épreuves avec une calme sérénité. Leur vie est pour nous une source d'inspiration qui nous invite à suivre la voie du *dharma*.

Beaucoup de gens se demandent peut-être pourquoi, si le Seigneur Rāma était omniscient, il est parti à la poursuite du cerf doré. Ignorait-il qu'il s'agissait du démon Mārīcha qui avait pris cette apparence ? C'est à ce moment-là que Sītā a été enlevée. Le Seigneur Rāma avait pris une forme humaine avec toutes ses bizarreries et ses faiblesses. Comme les autres êtres humains, Il a donc manifesté la connaissance et l'ignorance, la force et la faiblesse. Une fois que l'on a commencé à jouer un certain jeu, on ne peut pas en changer les règles en plein milieu, n'est-ce pas ?

Amma se rappelle une histoire. Un prince jouait à cache-cache avec ses amis dans le jardin du palais. Dans l'euphorie du jeu, il oublia tout. Quand ce fut son tour de chercher ses amis, il courut partout et fouilla le jardin pendant longtemps sans découvrir un seul d'entre eux. Un domestique qui observait la scène lui demanda : « Ô prince, pourquoi vous donner tout ce mal pour trouver vos amis ? Ordonnez-leur d'apparaître devant vous et ils accourront aussitôt, c'est certain. Il vous suffit d'exercer votre autorité et de leur en donner l'ordre. »

Le jeune prince regarda le domestique avec commisération et dit : « Mais si je faisais cela, il n'y aurait plus de jeu ! »

Comme tous les humains, les *mahātmās* (êtres éveillés) aussi connaissent la joie, la souffrance, les difficultés, les problèmes et les obstacles. Ils agissent ainsi pour permettre aux autres de les approcher et d'établir avec eux une relation personnelle.

En vérité, les *avatars* viennent avec un but qui transcende même le maintien du *dharma* : ils veulent insuffler la dévotion dans les cœurs humains. Ils captivent les cœurs grâce à leurs *līlās* (jeu divin) enchanteresses. Dès l'enfance, nous grandissons en forgeant des liens avec les autres. Le premier de tous est le lien avec notre mère. Puis nous établissons des liens avec notre père, nos frères et sœurs et les autres. Il est donc plus facile pour nous de nous relier à Dieu sous une forme humaine. C'est ainsi que Śhrī Rāma et Śhrī Kṛiṣhṇa ont mérité une place dans le cœur des êtres humains. Ainsi, à travers eux, la culture de la dévotion a fleuri dans le monde.

La vie du Seigneur Rāma est porteuse de nombreuses leçons dans la manière dont il a fait face à chacune des situations auxquelles il s'est trouvé confronté. Sa vie nous enseigne comment on devrait se comporter envers ses parents, ses frères et sœurs et ses amis, la conduite idéale d'un roi envers ses sujets, et comment se comporter dans les moments de crise morale. Śhrī Rāma n'a pas exulté en apprenant qu'il allait être couronné roi, il n'a pas non plus sombré dans le désarroi quand la perspective de la royauté lui a été enlevée. Il a continué à témoigner de l'amour et du respect même à Kaikēyī qui avait été l'instrument de ce changement de fortune. Ainsi, de toutes les manières, le Seigneur Rāma fut un exemple idéal des valeurs les plus nobles, celles qui devraient guider notre vie.

Conseils à Lakṣhmaṇa

Depuis des siècles, l'histoire de Śhrī Rāma captive les cœurs ; elle a permis à des millions de personnes d'élever leur conscience. Les *mahātmās* agissent avec une présence d'esprit, un courage et une intelligence pratique extraordinaires dans des circonstances qui déconcerteraient des gens ordinaires. Ils manifestent aussi une compassion sans limite et une patience infinie. *Lakṣhmaṇ-ōpadēśha*, l'enseignement que Śhrī Rāma donna à Lakṣhmaṇa, en est un exemple.

Quand Rāma apprit qu'Il serait exilé dans la forêt pour tenir la promesse de son père Daśharatha, Il se prépara avec calme. Il n'éprouva ni colère ni ressentiment. Il n'y eut pas la moindre contraction dans les muscles de son visage. Mais Lakṣhmaṇa, qui considérait et vénérait Rāma comme Dieu, bouillonnait d'une rage et d'une haine incontrôlables envers Daśharatha et Kaikēyī, ceux qui envoyaient Rāma en exil pour une durée de quatorze ans. Voyant cela, Śhrī Rāma caressa affectueusement son jeune frère. Son seul contact calma un peu Lakṣhmaṇa. Chaque parole prononcée ensuite par Rāma, chacun de ses gestes, furent d'une telle habileté qu'elles auraient pu émaner d'un expert en psychologie.

Chaque émotion produit des vibrations spécifiques. Les vibrations d'affection d'une mère pour son bébé sont différentes de celles qui émanent d'un homme en colère ou d'un ivrogne. Les vibrations de la luxure sont entièrement différentes. Śhrī Rāma avait un tempérament placide et paisible. Il n'est donc pas surprenant que sa présence et son contact aient amené un changement dans le mental de Lakṣhmaṇa.

Au départ, Rāma n'a donné aucun conseil spirituel à Lakṣhmaṇa ; Il savait qu'aucun conseil ne peut pénétrer dans le cœur d'un homme en colère. Il faut d'abord le calmer. Seul un mental calme peut entendre et comprendre. Au lieu d'appeler Lakṣhmaṇa « Daśharathātmaja » (fils de Daśharatha), Rāma l'a appelé « Saumitra » (fils de Sumitrā). Furieux contre son père et contre Kaikēyī à cause de l'injustice qu'ils commettaient envers son frère aîné, Lakṣhmaṇa avait déjà dégainé son épée. Si Rāma avait mentionné le nom de Daśharatha, la colère de Lakṣhmaṇa aurait redoublé ! En lui rappelant le nom de sa mère qui était un trésor de sagesse et de maturité, Rāma a pensé que la rage de Lakṣhmaṇa se calmerait. C'est pourquoi il l'a salué en employant le nom de « Saumitra ».

Les *mahātmās* ne se contentent pas d'apporter des solutions à des problèmes temporels. Ils utilisent les difficultés rencontrées en ce monde comme un prétexte pour transmettre des vérités éternelles qui permettent de résoudre les problèmes ultimes de la vie. Rāma a adopté cette approche dans les conseils qu'il a donnés à Lakṣhmaṇa

Śhrī Kṛiṣhṇa utilisa la même tactique avec Arjuna que la perspective de mener la guerre de Kurukṣhētra pétrifiait. Grâce à Lakṣhmaṇa et à Arjuna, le Seigneur Rāma et le Seigneur Kṛiṣhṇa ont montré à l'humanité la véritable voie vers la paix et la victoire.

Rāma-rājya

L'humanité a toujours rêvé d'une société où règneraient la paix et la prospérité, où les souverains protègeraient les citoyens comme leurs propres enfants. Voilà pourquoi, aujourd'hui encore, on se souvient du règne de Mahābalī, où tous étaient égaux, et du règne de Rāma (*Rāma-rājya*), où tous étaient traités justement.

Rāma-rājya fut marqué par une abondante prospérité. Le roi adhérait au *dharma*, et ses sujets lui emboîtaient le pas. *Rāma-rājya* est devenu un synonyme de gouvernance idéale.

Il y eut un jour une assemblée de poètes à la cour du roi Bhōja. L'un d'eux récita son poème dans lequel il glorifiait le roi Bhōja comme l'égal du Seigneur Rāma et son règne comme aussi parfait que *Rāma-rājya*. À la fin de son récital, tout le monde applaudit. C'est alors qu'un corbeau arriva en volant et déféqua sur la tête du poète qui se fâcha. Le roi ordonna que l'on attrape le corbeau. Celui-ci se mit à parler : « Ô roi, j'ai déféqué sur la tête de ce poète parce qu'il a menti. Tu n'es pas l'égal de Rāma et ton règne n'est pas non plus comparable au *Rāma-rājya*. Je vais te le prouver. Veuillez me suivre. »

Le roi, ses ministres et le poète suivirent le corbeau. Ils arrivèrent à une grotte. Le corbeau y entra et leur demanda de creuser. En creusant, ils découvrirent des milliers de pierres précieuses qui scintillaient. Le corbeau dit alors : pendant *Rāma-rājya* vivait un homme riche qui n'avait pas d'enfant. Il fit le vœu de donner au roi une jarre entière de joyaux s'il avait un enfant. Par la grâce de Dieu, il devint bientôt père. Il alla donc trouver Rāma avec une jarre remplie de joyaux, mais celui-ci refusa le cadeau et lui demanda de distribuer les pierres précieuses aux pauvres du royaume. Mais il n'y avait pas un seul pauvre pendant le *Rāma-rājya*. Le Seigneur Rāma demanda alors à cet homme de distribuer les joyaux à qui les voulait, mais personne n'était prêt à accepter des richesses qu'il n'avait pas gagnées par ses propres efforts. Voyez, ce sont ces joyaux dont personne n'a voulu. »

Le corbeau ajouta : « Ô roi, ordonnez à vos ministres et au poète d'ouvrir les mains ! ». Ils le firent et le roi vit qu'ils avaient pris des joyaux. Le corbeau déclara : « Ô roi, j'espère que tu as maintenant compris que ton royaume n'est pas comparable à *Rāma-rājya* ! »

Cette histoire peut paraître un peu tirée par les cheveux, elle décrit néanmoins magnifiquement ce qu'est un règne idéal. Un gouvernant n'a ni amis ni famille, il n'a que des sujets. Leur bien-être est sa seule préoccupation. Pour un souverain idéal, gouverner est une forme d'austérité, une adoration du Divin, un sacrifice de soi pour le bien du monde. C'est ainsi que gouvernait Rāma.

Sītāyana

Quand on entend le mot *Rāmāyaṇa*, la première personne qui vient à l'esprit est Rāma. Cela dit, Sītā est tout aussi importante. Sa constante loyauté envers Rāma, sa patience, son courage et son adhésion aux valeurs éternelles sont incomparables. L'idéal indien de la féminité trouve en Sītā une expression glorieuse. C'est grâce à elle qu'au long des siècles, les liens de famille ont conservé leur caractère sacré.

Quand Rāma tenta d'empêcher Sītā de le suivre dans la forêt, elle lui rappela que c'était le droit et le devoir de l'épouse de suivre son époux dans le bonheur comme dans le malheur. Dans la société actuelle, où l'on évite les devoirs et où on se concentre uniquement sur ce que l'on peut obtenir, ses paroles révèlent le *dharma*.

L'enlèvement de Sītā révèle la gloire de *viraha-bhakti*, la dévotion qui naît de la séparation de Dieu. Sītā désirait intensément posséder le cerf doré alors même que Rāma était avec elle. C'est-à-dire que son mental était devenu esclave du désir. Mais après que Rāvaṇa l'eut enlevée, Sītā se languit constamment de Rāma. Comme un cheval qui porte des œillères et ne regarde que le chemin devant lui, son mental était entièrement concentré sur Rāma. Quand la Lune (*chandra*) brille, nous remarquons la Lune et non les ténèbres de la nuit.

Ainsi, dans sa détresse, Sītā s'est concentrée entièrement et uniquement sur Rāmachandra et non sur la tristesse engendrée par son absence. Rāvaṇa s'est efforcé par tous les moyens, à la fois en personne et par l'intermédiaire de messages, de tenter Sītā. Il promit de faire d'elle la reine de Laṅkā et de lui remettre toutes ses richesses si elle l'acceptait pour époux. Mais rien ne put ébranler Sītā. Elle endura bravement le harcèlement constant auquel la soumettaient les démones vicieuses et leurs insultes. Même au cœur d'une telle souffrance, Sītā méditait uniquement sur Rāma. Dans la douleur provoquée par la séparation, toutes ses *vāsanās* (tendances latentes) furent sublimées. Finalement, son cœur fut totalement purifié et elle fut de nouveau unie à Rāma.

L'amour devient plus intense quand on est séparé de la personne aimée. L'amour a alors la même intensité que la soif du poisson qui, hors de l'eau, lutte pour y retourner afin de respirer. On peut voir cette attitude chez Sītā et chez les *gōpīs* (laitières) de Vṛindāvan. Cela montre que le dévot qui pense à Dieu constamment est capable de transcender mentalement n'importe quelle situation, aussi difficile ou douloureuse qu'elle soit.

Quand Hanumān exprima le désir de libérer Sītā de sa captivité et de la ramener auprès du Seigneur Rāma, la réponse de Sītā fut éloquente : si quelqu'un d'autre que Rāma la sauvait, cela ternirait l'incomparable réputation de celui-ci. Ceci prouve clairement que même au milieu de graves dangers, Sītā est demeurée calme et réfléchie.

Sa vie est une source éternelle d'inspiration pour les dévots du Seigneur et un phare pour les familles. C'est un Gange sacré qui nourrit et qui purifie le cœur des êtres humains.

La dévotion dans le Rāmāyaṇa

Mes enfants, il y a des milliers d'années que le *Rāmāyaṇa* captive les cœurs. Quel est le secret de cette attirance ? C'est l'arôme de la dévotion dont est imprégné le *Rāmāyaṇa*. Cet arôme adoucit et purifie le cœur humain. Si on fait mariner la courge amère dans le sucre pendant plusieurs jours, son amertume naturelle disparaît et elle devient sucrée. De même, si nous tournons nos pensées vers Dieu et nous abandonnons à Lui, le mental sera lavé de toutes ses impuretés.

Le *Rāmāyaṇa* décrit les formes variées que peut prendre la dévotion et les différentes attitudes dévotionnelles. La dévotion de Lakṣhmaṇa était différente de celle de Bharata. La dévotion de Sītā n'était pas la même que celle de Śhabarī. Aspirer à être proche de la personne aimée, à être en sa présence, c'est une des caractéristiques de la dévotion. On peut observer cela chez Lakṣhmaṇa. Il était constamment occupé à servir Rāma, au point de renoncer à manger et à dormir. La dévotion de Bharata était différente ; elle était sereine. Pour lui, gouverner le royaume était un acte d'adoration dédié à Rāma. Toute action devient une adoration si elle est faite en pensant à Dieu et avec une attitude d'abandon de soi. Sinon, même l'adoration faite au temple devient un acte comme un autre.

La dévotion d'Hanumān incluait le discernement, l'enthousiasme, la foi, la confiance et l'abandon de soi. Hanumān était un des ministres de Sugrīva mais il devint le serviteur de Rāma quand il rencontra le Seigneur. Sa relation avec Sugrīva était une relation ordinaire, tandis que le lien entre Rāma et Hanumān représente la relation entre le *jīvātmā* (le Soi individuel) et le *Paramātmā* (le Soi suprême). Hanumān nous montre aussi comment il est possible de penser constamment au Seigneur grâce au *japa* (la répétition du nom du Seigneur).

L'appartenance à une famille huppée ou l'érudition ne procurent pas la dévotion. Seul un cœur pur peut obtenir la dévotion. C'est ce que nous enseigne le personnage de Śhabarī. Quand son guru lui a dit que Rāma viendrait la voir un jour, Śhabarī lui a fait totalement confiance. Chaque jour, elle nettoyait l'*āśhram* et préparait tout le nécessaire pour la *pūjā* dans l'attente de son arrivée. Elle préparait un siège pour lui. Les jours, les mois et les années passèrent. Son attente ne fut pas vaine. Rāma vint un jour à l'*āśhram* de Śhabarī et accepta son hospitalité. Son histoire prouve que le Seigneur viendra à coup sûr dans un cœur qui l'attend fidèlement.

La dévotion ne devrait pas être purement émotionnelle. Une telle dévotion est peut-être intense, mais elle ne dure pas. Ce qu'il nous faut, c'est une dévotion ancrée dans la connaissance. La dévotion ne devrait pas avoir pour but de satisfaire un désir. Une fois que les graines de la dévotion ont germé, il faut les transplanter dans le champ de la connaissance. Nous aurons ainsi une belle récolte et obtiendrons la connaissance réelle.

Rāma a pu éveiller la dévotion chez ses frères, chez ses amis, chez ses sujets, chez les oiseaux et chez les animaux. Où que l'on trouve la gloire manifestée, inconsciemment, on s'agenouille devant son autel car la graine de la dévotion est cachée dans tous les cœurs. C'est à nous d'en prendre soin par nos pensées, nos paroles et nos actions. Cette graine doit germer et croître jusqu'à ce nous voyions que la Conscience divine est présente dans l'univers entier. Le *Rāmāyaṇa* nous montre la voie qui permet d'accéder à cette vision.

La culture du Rāmāyaṇa

Mes enfants, les valeurs nécessaires pour mener une vie noble doivent être inculquées à chaque enfant et ces valeurs doivent être transmises à la maison. Les personnes âgées doivent être des modèles pour les jeunes. Elles doivent leur donner des leçons de morale, soit en les conseillant affectueusement, soit en les réprimandant fermement. Autrefois, les grand-mères et les mères racontaient aux enfants des histoires tirées des *Purāṇas* ; les enfants assimilaient les valeurs nobles en écoutant ces histoires. Le *Rāmāyaṇa* est le moyen le plus adéquat de transmettre aux jeunes générations une noble culture et les valeurs humaines.

De nombreux personnages du *Rāmāyaṇa* ont vécu selon de nobles idéaux ; leur vie nous inspire à les émuler. Lakṣhmaṇa était un trésor d'amour fraternel et de dévotion envers son frère aîné. Bharata était la personnification de l'amour désintéressé et du sacrifice de soi. Sītā a fait preuve de courage, de détermination et d'une loyauté inébranlable envers son époux. Hanumān incarne l'habileté dans l'action et l'abandon total de soi. L'épopée contient ainsi de nombreux modèles parmi lesquels les enfants peuvent choisir.

Bien qu'il en eût le cœur brisé, Daśharatha ne revint pas sur la parole qu'il avait donnée à Kaikēyī. Ce qui l'avait attiré en elle, ce n'était ni sa beauté ni l'amour qu'elle lui manifestait mais le fait qu'elle eût été prête à donner sa vie pour lui sur le champ de bataille. Quant à Rāma, Il abandonna le trône comme s'il s'agissait d'un brin d'herbe insignifiant afin de tenir le serment de son père. Et qu'en est-il de Sītā ? Quand Rāma décida de partir pour la forêt, elle aurait pu dire : « Ne va pas dans la forêt. Ce royaume est ton héritage. » Mais elle ne fit rien de tel. Elle suivit son époux dans la forêt, sans rien dire. Et qu'a manifesté Bharata ? Loin de penser : « Maintenant que mon frère est parti, je peux régner sur le royaume, il n'y a pas d'obstacle ! ». Bien au contraire, il partit à la recherche de son frère, rapporta ses *pādukas* (sandales), les installa avec révérence sur le trône et gouverna le pays en tant que régent. Renonçant à tous les luxes de la royauté, il adopta le style de vie d'un ascète.

Les personnages du *Rāmāyaṇa* manifestèrent les vertus nécessaires au bien-être d'une famille, quelle qu'elle soit. Nous avons le devoir de transmettre ces valeurs à nos enfants. Mais nous échouons souvent à le faire et cet échec se reflète dans la société actuelle qui engendre des Kamsas.[5] Afin de changer

[5] Kamsa était l'oncle du Seigneur Kṛiṣhṇa. Il essaya de nombreuses fois de tuer le Seigneur mais c'est finalement Kṛiṣhṇa qui le tua.

cela et d'engendrer des Rāmas et des Hariśhcandras[6], nos foyers doivent être imprégnés de la culture du *Rāmāyaṇa.*

Le *Rāmāyaṇa Kiḷippāṭṭu*[7] est écrit sous la forme de conseils que le Seigneur Śhiva, le chef de famille, donne à Pārvatī, la mère. Il nous faut rétablir une culture où les parents ont des conversations sur Dieu, sur des sujets spirituels. Les enfants grandiront en entendant de telles conversations. Alors l'amour, l'unité et la prospérité règneront dans le foyer. La société connaîtra la paix, et le réveil des valeurs universelles

La dévotion pour le Seigneur Rāma

Mes enfants, les épopées du *Rāmāyaṇa* et du *Mahābhārata* nous enseignent toutes les deux comment surmonter les obstacles que présente la vie dans le monde afin d'atteindre le Suprême. Chacun des personnages du *Rāmāyaṇa* a quelque chose à nous enseigner. Cette épopée nous montre clairement comment même des êtres au caractère noble peuvent tomber dans l'ignominie en agissant sans réfléchir. Par l'exemple de leur vie, nous pouvons comprendre la différence entre le bien et le mal, entre ce qui est juste et ce qui ne l'est pas.

Bien que l'on trouve beaucoup de personnages idéaux dans le *Rāmāyaṇa*, le plus magnifique de tous, selon toutes les estimations, c'est Hanumān. Il était dépourvu de toute vanité. Il a déposé son corps, son mental et tous ses pouvoirs aux pieds de Rāma. Dans ses efforts pour accomplir le travail de Rāma, Hanumān a même oublié le mot repos. La croyance veut qu'aujourd'hui encore, Hanumān vive uniquement pour psalmodier le nom de Rāma et pour écouter le récit de la vie du Seigneur.

Une anecdote tirée de la vie d'Hanumān illustre la véritable nature de la relation guru-disciple. Un jour, un sage avait pris un peu d'eau d'une rivière dans ses paumes pour accomplir

---

6 Un roi légendaire célèbre pour avoir tenu sa parole quel qu'en fût le prix.

7 Version populaire en malayāḷam du *Rāmāyaṇa.*

l'adoration du crépuscule. Un *gandharva* (être céleste) qui voyageait dans les airs regarda vers la terre et cracha. Le crachat tomba dans les paumes du sage. Celui-ci, fâché, en colère, alla trouver Śhrī Rāma et lui demanda de tuer le *gandharva* et de réparer ainsi le tort qui lui avait été fait. Rāma accepta sa requête.

Quand le *gandharva* apprit cela, il chercha refuge auprès de la mère d'Hanumān. En larmes, il la supplia : « Ô Mère, je suis face à un grave danger. Je t'en prie, sauve-moi ! »

Sa prière toucha son cœur de mère et elle dit à Hanumān : « Ô fils, j'ai donné ma parole au *gandharva* que je lui sauverais la vie. Tu dois tenir ma promesse. »

Hanumān accepta. Quand Śhrī Rāma arriva pour tuer le *gandharva*, Hanumān dit au *gandharva* de se tenir derrière lui et de psalmodier le nom du Seigneur Rāma. Hanumān aussi joignit les mains en prière et psalmodia le nom de Rāma. Toutes les flèches que Rāma décocha contre le *gandharva* se transformèrent en fleurs qui tombèrent aux pieds du Seigneur. Finalement, Hanumān pria Rāma : « Ô Seigneur, si Tu le permets, proposons au *gandharva* de demander pardon au sage. » Śhrī Rāma et le sage acceptèrent cette proposition. Ils trouvèrent ainsi une solution à l'amiable et le *gandharva* fut sauvé d'un danger mortel.

Même quand Hanumān se retrouva face à Rāma dans une bataille, il prit refuge dans le Seigneur et en son nom. De plus, il guida les autres sur la voie de la dévotion envers Rāma, montrant ainsi quel est le *dharma* suprême d'un disciple. Hanumān était le disciple idéal ; il est impossible de trouver son égal.

21. Les idées préconçues

Mes enfants, consciemment ou non, beaucoup d'entre nous nourrissent des préjugés sur les autres. Ces idées toutes faites nous empêchent de les comprendre correctement. Un homme qui porte des verres colorés en jaune voit tout jaune. Soyons prêts à enlever les lunettes des idées préconçues avant de regarder le monde.

Même si nous allons régulièrement chez le même tailleur, il prend chaque fois nos mesures. Un bon tailleur ne fait jamais de vêtements neufs à partir d'anciennes mesures car il sait que depuis, notre corps a peut-être changé. Mais nous ne nous rendons pas compte que l'idée que nous avons d'une personne est peut-être obsolète. Adoptons donc le point de vue du tailleur dans notre vie quotidienne.

Si nos relations avec les autres sont entachées par des préjugés, cela engendre de nombreux problèmes. Même un voleur devrait pouvoir avoir une deuxième chance. Piṅgalā, une prostituée, devint une fervente dévote du Seigneur. Ratnākaran, ce bandit notoire, fut transformé et devint le vénérable sage Vālmīki. Si nous sommes capables d'abandonner les préjugés qui entravent nos relations avec un individu, nous découvrirons en lui des traits nouveaux.

Un procès se déroulait au tribunal. Les avocats des deux parties plaidaient avec passion mais le juge était assis les yeux fermés sans leur prêter aucune attention. Au bout d'un moment, il s'endormit. Alors le greffier lui dit : « Votre honneur, vous vous endormez. Vous n'écoutez aucun des deux avocats ! »

Le juge répliqua : « Ne vous inquiétez pas. J'ai déjà décidé quel serait le verdict ! » Puis il se rendormit.

Si nous nous comportons comme le juge de l'histoire, en nous accrochant à nos idées préconçues, il n'y aura plus ni justice ni vérité. Quelques individus recevront des concessions imméritées tandis que quelques autres endureront des souffrances injustifiables.

En conséquence de nos préjugés, nous risquons de perdre ceux qui pourraient être nos amis ou nous aider. Ces préjugés sont parfois traîtres.

Nous sommes parfois victimes de nos préjugés. Nous croyons peut-être fermement que nous ne pouvons pas faire ceci ou cela. Mais peut-être qu'en persévérant, nous y arriverions. De tels préjugés reflètent un manque de confiance en soi, ce qui est tout aussi dangereux que de tirer vanité de ses talents.

Si nous sommes esclaves des préjugés, c'est uniquement parce que nous accordons une importance excessive au passé. Apprenons à vivre constamment dans le moment présent, efforçons-nous de garder la tête et le cœur libres, et donc efficaces.

22. Lâchez les idées préconçues

Mes enfants, si nous examinons la manière dont nous gérons les situations que nous rencontrons, nous verrons que la plupart du temps, notre réaction est déterminée par des idées préconçues. Apprenons à voir les circonstances de notre vie sans préjugé. Nous devrions faire comme le tailleur, qui prend les mesures d'un client à chacune de ses visites. Il ne fait pas de vêtement neuf d'après les mesures précédentes. Le tailleur sait que nos mesures peuvent changer en un court laps de temps et il les reprend. Il y a là une leçon importante pour nous : ne supposons jamais rien.

Amma se rappelle une histoire. Un homme d'âge moyen se promenait dans un parc avec son fils. Le fils demanda à son père avec émerveillement : « Regarde papa, cette fleur, c'est bien une rose ? »

Avec joie et enthousiasme, le père répondit : « Oui, mon fils, c'est une rose. »

« Et la couleur de cette rose, c'est ce qu'on appelle la couleur rouge ? »

« Oui, mon fils, c'est la couleur rouge. »

Puis, en voyant la grande pelouse verte qui s'étendait devant lui, le jeune demanda : « Papa, cela, c'est de l'herbe ? Et cette couleur est le vert ? »

« Oui, fils, c'est de l'herbe et la couleur de l'herbe est verte. »

Et le père et le fils parlaient ainsi à voix haute, avec grand enthousiasme, en montrant différentes choses. Sur un banc de ce parc était assis un homme qui aspirait à trouver un peu de paix et de tranquillité. Furieux d'être dérangé, il dit au père : « Les gens comme moi viennent ici en espérant goûter un peu de paix intérieure. Mais vous parlez si fort, vous et votre fils, que j'ai perdu le peu de paix que j'avais. Vous dites « oui, fils,... oui, fils, » à tout ce que vous dit cet handicapé mental. Mais ce n'est pas cela qui va améliorer son état. »

Le père et le fils restèrent un moment silencieux. Puis, retrouvant son calme, le père dit : « Pardonnez-nous. Mon fils n'est pas handicapé. Il est né aveugle. Il y a deux jours, il a subi une opération pour lui permettre de voir. Une fois les bandages enlevés, j'ai voulu l'emmener dans un endroit où il verrait de la beauté. C'est pourquoi nous sommes venus dans ce parc. Ravi par la beauté de ce jardin qu'il voyait pour la première fois, il m'a posé beaucoup de questions et je lui ai répondu avec le même enthousiasme, en oubliant tout. Quand on trouve un trésor, on est éperdu de joie ! On oublie tout ce qui nous entoure. C'est ce qui s'est passé pour nous. Veuillez nous pardonner. »

Après cette explication, l'homme eut des remords. Il demanda pardon pour les paroles très dures qu'il avait prononcées. Ce jour-là, il fit le vœu suivant : « Désormais, je ne jugerai plus personne prématurément, je ne me mettrai plus en colère en me fondant sur un tel jugement. »

Quand il comprit que sa colère était causée par l'incompréhension et par des idées préconçues, la colère se transforma en amour et en compassion. Si nous avons la patience d'examiner les situations, nous réussirons sans nul doute à éveiller l'amour et la compassion dans notre cœur. Puissent mes enfants y parvenir.

23. Un cœur d'enfant

Mes enfants, l'égoïsme et la vanité que l'on rencontre partout aujourd'hui étouffent le petit monde des jeux et des rires innocents des enfants. Actuellement, seuls les sourires fourbes et artificiels nous sont familiers ; ce ne sont pas vraiment des sourires, c'est juste un étirement des lèvres. En chacun de nous sommeille un cœur d'enfant. Nous ne connaîtrons jamais la paix et la joie si nous ne l'éveillons pas.

Un cœur d'enfant n'est pas synonyme d'infantilisme qui désigne un comportement dépourvu de discernement et de maturité. Un cœur d'enfant est différent ; cela désigne l'attitude du débutant qui a la curiosité et l'enthousiasme nécessaires pour apprendre dans tous les domaines sans jamais s'ennuyer. Il y a de la sagesse dans un cœur d'enfant. Certains diront peut-être qu'un enfant n'a pas de discernement. Mais il est assez sage pour savoir qu'il ne peut s'appuyer que sur sa mère.

Un enfant s'absorbe dans son jeu, il s'amuse et oublie le monde qui l'entoure. Même s'il se met en colère, il l'oublie aussitôt. Son cœur est libre et léger. Les petites choses lui donnent de la joie, c'est pourquoi son enthousiasme est inépuisable. Il nourrit une curiosité insatiable. Tels sont les signes distinctifs d'un cœur d'enfant.

Certains enfants disent à Amma : « La mère de mon ami souffre d'un cancer. Son père n'a pas de travail et il n'y a rien à manger chez eux. Ô Amma, s'il te plaît, aide son père à trouver un bon travail ! »

Il y a en chacun de nous ce cœur d'enfant qui aspire à partager le chagrin des autres et à les consoler. Cela est évident chez les enfants.

L'amie d'une petite fille mourut. La petite fille alla chez son amie. Quand elle revint, son père lui demanda : « Qu'est-ce que tu as fait, là-bas ? »

« J'ai consolé la mère de mon amie », dit-elle.

« Et comment as-tu fait ? », demanda son père.

« Je me suis assise sur ses genoux et j'ai pleuré avec elle. »

Le cœur d'un enfant s'attache aux gens, aux oiseaux, aux animaux, aux fleurs et aux papillons. Ils sont tristes quand ils voient souffrir ne serait-ce qu'un petit insecte. Nous aussi, nous avions cette nature quand nous étions des enfants, mais nous l'avons perdue en grandissant. Nous sommes devenus des incarnations de l'égoïsme et de la vanité.

Le cœur d'enfant est toujours présent à l'intérieur de chacun de nous. Si nous parvenons à l'éveiller, notre avenir sera rempli de joie et de succès.

24. La valeur du temps

Mes enfants, nous vivons à une époque de frénésie. Nous avons tout juste le temps de reprendre notre souffle en passant d'une tâche à l'autre.

« Ne reste pas oisif ! Fais quelque chose ! ». Depuis l'enfance, nous entendons nos parents et nos enseignants nous dire cela. Mais le temps est maintenant venu pour nous de penser : « Pourquoi ne pas rester un moment tranquille au lieu de faire quelque chose ? »

Lorsqu'on veut aller trop vite dans quoi que ce soit, on en tue la beauté. Cela revient à ouvrir de force les pétales d'un bouton de rose. On le prive de son parfum et de sa beauté.

La plupart des choses que nous désirons ne nous donneront pas le bonheur. Ce qui est pire : elles nous priveront du bonheur que nous avions. Certains viennent pour voir le coucher de soleil sur la plage avec leur famille, mais passent leur temps à parler sur leur portable. Ils ne peuvent donc pas apprécier la beauté de l'océan ni la splendeur du coucher de soleil.

Même chez eux, les gens passent leur vie sur Facebook sans même regarder le visage de leur femme ni ceux de leurs enfants, pourtant assis juste à côté d'eux. La femme est peut-être triste, les enfants sont peut-être perturbés par quelque chose, mais le mari ou le père n'a même pas le temps de les regarder.

Un homme rentre un jour du travail et voit son petit garçon de cinq ans qui l'attend. L'enfant lui demande :

« Papa, combien tu gagnes en travaillant une heure ? »

L’homme répond : « Trois cents roupies. »

« Papa, s’il te plaît, donne-moi deux cents roupies. »

Le père croit que son fils veut de l’argent pour acheter un nouveau jouet et il se fâche : « Je n’ai pas le temps d’écouter tes sottises. Ne me parle plus ! »

Sans rien dire, le fils va dans sa chambre et ferme la porte.

Au bout d’un moment, le père se dit qu’il aurait dû être plus affectueux et patient avec son fils. Il ouvre la porte de la chambre et lui demande : « Fils, tu as dormi ? »

« Non, papa. »

« J’espère que tu n’es pas triste parce que je me suis fâché tout à l’heure. Voilà les deux cents roupies que tu m’as demandées. Fils, pourquoi as-tu besoin de cet argent ? »

Le visage du fils rayonne de joie. Il sort un billet de cent roupies de dessous son oreiller. Il tend trois cents roupies à son père en lui disant : « Papa, voilà trois cents roupies. Peux-tu s’il te plaît passer une heure avec moi ? »

Au milieu de toute votre activité, n’oubliez pas de regarder le monde qui vous entoure. Donnez de l’amour, de la bonté et de la joie à votre famille, à vos amis et à vos collègues. Vivez dans le moment présent. Savourez pleinement la vie.

25. Les fruits des actions passées

Mes enfants, certains se demandent si Dieu est partial. En ce monde, certains jouissent d'une bonne santé tandis que d'autres sont toujours harcelés par la maladie ; certains sont pauvres tandis que d'autres sont riches ; certains sont beaux et d'autres laids. On ne peut pas blâmer Dieu pour ces inégalités. Nous sommes les seuls à blâmer. Les actions pures donnent des résultats parfaits. La souffrance due au *prārabdha* (conséquences des actions passées) que nous traversons aujourd'hui est le résultat d'un manque de vigilance dans nos actions passées. Il est inutile de blâmer Dieu pour cela. Par exemple, en utilisant des graines génétiquement modifiées et des engrais chimiques, on peut décupler la récolte. Mais en faisant cela, on réduit considérablement la valeur nutritive des graines et des légumes. Et en outre, en mangeant ces produits, notre corps est contaminé par des produits chimiques nocifs. Cette nourriture affaiblit la santé des consommateurs et de leurs enfants. Cette situation est le résultat de notre égoïsme. Nous ne pouvons pas en rendre Dieu responsable.

Un patron demanda un jour à ses ouvriers de casser des pierres. Un des ouvriers était physiquement fort tandis que l'autre était faible. Quelques jours plus tard, le patron alla vérifier les progrès du travail. Il désigna à chacun de ses ouvriers un gros rocher et leur demanda de le casser. Le plus fort des deux frappa dix fois son rocher sans réussir à le casser tandis que l'autre frappa seulement deux fois et le rocher se fendit. Le plus fort demanda au plus faible : « Comment as-tu réussi à fendre le rocher en le frappant seulement deux fois ? »

Celui-ci répondit : « Je l'avais déjà frappé de nombreuses fois auparavant avec mon marteau. »

De même, si la vie est facile pour certains et difficile pour d'autres, c'est à cause de leurs actes passés. Notre prospérité aujourd'hui est le fruit des bonnes actions accomplies hier. Si nous voulons un avenir lumineux, nous devons faire de bonnes actions dans le présent. Si nous ne le faisons pas, nous souffrirons demain.

Cela dit, quand on voit quelqu'un souffrir, il ne faut pas penser que c'est la conséquence de ses actions passées. Considérons plutôt que notre devoir est de l'aider. Si nous aidons aujourd'hui ceux qui sont dans la détresse, cela nous épargnera des souffrances demain. En aidant quelqu'un qui est tombé dans un fossé à en sortir, nous pouvons éviter d'y tomber à l'avenir.

En un sens, les souffrances qui proviennent de notre *prārabdha* sont une bénédiction de Dieu. On voit bien que ceux qui jamais de leur vie n'ont appelé Dieu se tournent vers lui quand ils souffrent et mènent ensuite une vie juste. C'est ainsi qu'ils sont libérés des souffrances causées par les actions passées.

26. Apprenez à donner

Mes enfants, jusqu'à une époque récente, le sacrifice et la simplicité étaient considérés comme des idéaux de vie. Cette vision de la vie a changé. Aujourd'hui, la plupart des gens ont pour but de gagner autant d'argent que possible et de profiter des plaisirs matériels. Pour beaucoup, la réussite dans la vie, c'est de prendre le plus possible et de donner le moins possible.

En réalité, il devrait exister un équilibre harmonieux entre l'individu et la société. Si nous prenons quoi que ce soit dans la société ou dans la nature, nous avons l'obligation de donner quelque chose en retour. Si chacun s'efforce de donner plus qu'il ne prend, la paix, l'unité et la prospérité règneront dans la société.

Que ce soit envers la famille ou la société, notre mentalité est devenue celle du profit. Même dans notre relation avec Dieu, nous avons cette attitude. Nous devrions nous abandonner totalement à Dieu et au guru. Mais au lieu de cela, même en leur présence, nous calculons,en nous demandant ce que nous pouvons obtenir.

Amma se rappelle une histoire. Un riche homme d'affaires partit un jour en croisière. Soudain, il y eut un terrible orage. Le capitaine du navire annonça que leurs chances de survie étaient minces. Tous les passagers se mirent à prier. L'homme d'affaires pria : « Ô Seigneur, si je survis, je vendrai mon hôtel cinq étoiles et je te donnerai 75% de l'argent. Je t'en prie, sauve-moi ! »

Miraculeusement, la mer se calma aussitôt et tous arrivèrent à bon port. L'homme d'affaires était très ennuyé. Il se dit : « Quel problème ! Si je vends mon hôtel, j'en tirerai au moins dix millions de roupies. Je me suis engagé à donner 75% de la vente au Seigneur. Est-il vraiment nécessaire de lui donner autant ? Que faire ? ». Il se mit à réfléchir au moyen de sortir de ce dilemme.

Le lendemain, il y eut une annonce dans le journal : « Hôtel cinq étoiles à vendre. Prix : une roupie ! ». Il y eut une foule de demandes pour acheter l'hôtel. L'homme d'affaires annonça : « Je vends cet hôtel pour une roupie. Mais il y a une condition : la personne qui souhaite acheter l'hôtel doit aussi acheter mon chien dont le prix de vente est dix millions de roupies. »

L'hôtel fut finalement vendu. L'homme d'affaires alla au temple et offrit 75 centimes au Seigneur.

Telle est l'attitude de beaucoup de gens. Ils sont prêts à tromper Dieu lui-même pour obtenir ce qu'ils veulent.

Nous regardons aujourd'hui le monde avec les yeux d'un homme d'affaires. Quel que soit le domaine, nous recherchons notre propre intérêt. Nous prospérerons peut-être avec cette attitude, mais une telle prospérité est dangereuse. Les cellules cancéreuses se multiplient sans limite et il en résulte la mort de l'individu. Ainsi, un « progrès » nuisible à la société n'est jamais un progrès réel. Il finira par entraîner la destruction aussi bien de l'individu que de la société. Tout le monde a le droit de croître et de prospérer. Mais notre croissance devrait aussi contribuer à celle des autres.

En vérité, ce que nous donnons au monde nous revient. Si nous semons une graine, la terre nous donne une récolte cent fois plus abondante que ce que nous avons semé. Le mérite obtenu par nos bonnes actions nous aide non seulement dans cette vie, mais nous assure aussi un futur propice. La vraie réussite dans la vie, c'est de donner plus qu'on ne reçoit.

27. Je suis Amour. L'Amour est ma nature même

Mes enfants, ce à quoi les gens aspirent le plus en ce monde est l'amour. Les gens se font des amis, se marient et fondent une famille dans le but de trouver l'amour. Pourtant, la plus grande pauvreté dont souffre aujourd'hui le monde est celle du manque d'amour. Tout le monde désire recevoir de l'amour mais personne ne veut en donner. Si nous aimons, notre amour est accompagné de nombreuses attentes et conditions. De telles relations peuvent se briser à tout moment. Un tel amour peut se transformer en haine et en hostilité. Telle est la nature du monde. Si nous le comprenons, nous ne souffrirons pas. La nature du feu est de donner de la chaleur et de la lumière. Il n'est pas réaliste de s'attendre à ce que le feu donne de la lumière mais pas de chaleur. Ainsi, si nous acceptons que l'amour humain est inévitablement accompagné de chagrin, nous pourrons affronter toute situation avec équanimité.

L'amour pur est présent en chacun. Nous possédons tous la capacité d'aimer les autres sans rien attendre en échange. L'amour étant notre nature même, nous ne pouvons pas le perdre. Un diamant plongé dans une bouteille d'huile semble terne. Mais si on essuie l'épaisse couche d'huile, le diamant retrouve tout son éclat. Ainsi, si nous éliminons les impuretés du mental, nous retrouverons la forme d'amour la plus pure.

L'échelle de l'amour a de nombreux échelons. Actuellement, beaucoup d'entre nous se trouvent à l'échelon le plus bas. Il n'est pas nécessaire que nous y passions le reste de notre vie. Il nous appartient de monter lentement les échelons de l'échelle, un à un. Nous atteindrons ainsi le haut de l'échelle, la plénitude de notre vie.

Les gens disent généralement : « Je t'aime. » Mais la vérité c'est : « Je suis amour. L'amour est ma nature même. » Quand on dit : « Je t'aime », il y a deux entités : « Moi et toi. ». Il y a un espace entre les deux. L'amour est broyé dans cet espace.

Du point de vue du Moi et du Toi, vouloir aimer sans attente, c'est se comporter comme un serpent ratier qui s'efforce d'avaler un énorme crapaud : c'est une torture pour les deux. Inversement, si nous aimons sans attente, nous ne connaîtrons pas le chagrin. Notre amour désintéressé éveillera chez les autres l'amour désintéressé. La vie est alors remplie d'amour et de joie. On prend conscience de cette réalité : « L'amour est ma nature même. » On est alors libre de tout désir et de toute attente. Notre amour coule comme une rivière, un flot libre qui touche et purifie tous les êtres. Toutes nos actions sont alors bénéfiques pour le monde. Puissions-nous tous réussir à atteindre ce niveau d'amour pur.

28. L'action efficace

Mes enfants, le stress est maintenant un problème courant qui affecte même les petits enfants. Quand une machine est en surchauffe, elle tombe en panne. De même, la tension nuit à nos capacités mentales et à notre efficacité. Il est naturel de connaître le stress dans des circonstances adverses ou quand on est confronté à un danger. Mais le stress constant affaiblit notre capacité de fonctionner. Le stress fréquent non seulement affecte notre capacité d'agir, mais il provoque en outre toutes sortes de maladies. Au contraire, si l'esprit est calme et paisible, nous serons en mesure de penser clairement et d'évaluer correctement les situations.

Un fermier perdit un jour sa montre dans un tas de foin. Il aimait beaucoup sa montre qu'il avait reçue enfant en cadeau d'anniversaire de son grand-père. Il fouilla le tas de foin pendant longtemps. Mais comme il ne la trouvait pas, il cessa de chercher, découragé. Des enfants jouaient au football non loin de là. Il alla leur demander de l'aider à trouver sa montre. Les enfants passèrent le tas de foin au peigne fin, sans succès. Le fermier avait presque perdu tout espoir de retrouver sa montre quand un des enfants lui demanda s'il pouvait essayer encore une fois. Le fermier accepta. Le garçon entra dans la grange où était entreposé le foin. Quelques minutes plus tard, il en ressortit avec la montre.

Le fermier était stupéfait et demanda au garçon le secret qui lui avait permis de réussir. Le garçon répondit : « Je suis resté assis par terre tranquillement pendant un moment et j'ai écouté attentivement. Dans le silence, j'ai entendu le tic-tac de la montre qui provenait d'un coin du tas de foin. Ensuite, il a été facile de trouver la montre. »

Cette histoire montre clairement qu'un mental calme pense avec clarté et trouve facilement des solutions aux problèmes.

Il existe de nombreux moyens de soulager la tension. Nous pouvons goûter la beauté de la nature, apprécier la musique, participer à des jeux et à des activités qui détendent le mental. Le fait de passer du temps avec des amis et de jeunes enfants permet aussi de réduire la tension. Une respiration lente et régulière, des postures de yoga comme *śhavāsana* (la posture du cadavre) et la méditation sont spécialement bénéfiques lorsqu'il s'agit de soulager la tension et de se détendre.

Mais il est encore plus important d'adopter une approche saine face à la vie. Cultivons une conscience vigilante qui nous aide à garder notre équilibre intérieur à tout moment au lieu d'exulter en cas de succès et de déprimer en cas d'échec. Ainsi, notre mental deviendra calme et paisible et nous y gagnerons plus d'efficacité dans l'action.

29. Essayez de ne pas répéter les mêmes erreurs

Mes enfants, rares sont ceux qui n'ont pas commis d'erreur dans leur vie, que ce soit consciemment ou inconsciemment. La plupart des gens ruminent les erreurs commises et se sentent coupables. Il est inutile de se tourmenter à propos des actions passées. Ce qui est passé est passé. En continuant à les ruminer, on perd les forces que l'on a encore en réserve. Il s'agit plutôt de prendre une ferme résolution : « Je ne répéterai pas mes erreurs ! ». Les efforts sincères que l'on fournit ensuite purifieront le mental. C'est cela qui est nécessaire. La pureté du mental se manifeste par le désir de nourrir de nobles pensées et de faire de bonnes actions, ainsi que par les efforts qui vont en ce sens.

Il n'existe pas de péché qui ne puisse être lavé par les larmes du remords. Cependant, une fois que nous avons reconnu notre erreur, il s'agit de ne pas recommencer. Le mental doit se préparer fermement à suivre la voie juste. Si un jeune enfant jette un jouet sur sa mère, elle lui sourit avec amour, le prend dans ses bras et l'embrasse. Mais s'il fait la même chose quand il est plus grand, elle ne le tolère pas. Ainsi, Dieu pardonne les erreurs que nous commettons par inconscience, mais Il ne pardonne pas les péchés commis une fois que nous avons compris ce qui était juste et ce qui ne l'était pas. Efforçons-nous donc de ne pas répéter nos erreurs.

Quand on écrit au crayon, si on se trompe, on peut effacer. Mais cela n'est possible qu'une ou deux fois. Ensuite, à force d'effacer, le papier se déchire. Le plus grand des péchés, c'est de refaire la même erreur en tout connaissance de cause. Il faut éviter cela à tout prix.

Ne pensez pas : « J'ai péché de nombreuses fois. Mon cœur n'est pas assez pur pour prier. Je prierai une fois que j'aurai le cœur pur ». Si on attend qu'il n'y ait plus de vagues dans l'océan, on ne pourra jamais y nager. Peut-on imaginer un médecin qui dirait à un patient : « Revenez quand vous serez guéri » ? Nous allons voir le médecin pour soigner notre maladie. Ainsi, Dieu doit purifier notre cœur. Le mental ne peut être purifié que si l'on prend refuge en Dieu.

Il ne sert à rien de s'affliger en pensant à la vie que l'on a mené. Le passé est un chèque annulé. Il est inutile de continuer à se lamenter à propos de nos erreurs et de nos échecs passés. Il nous reste un capital inestimable : la vie. Pensons donc aux grands profits que nous pouvons faire. Ne perdons jamais notre optimisme, notre foi. La grâce de Dieu nous protègera certainement.

30. Partager

Mes enfants, il existe deux sortes de pauvreté : la première, c'est la pauvreté engendrée par le manque d'argent qui nous met dans l'impossibilité de satisfaire des besoins fondamentaux tels que la nourriture, les vêtements et un abri ; la seconde, c'est la pauvreté engendrée par le manque d'amour et de compassion dans la société. Cette seconde sorte de pauvreté est celle dont il faut se préoccuper en priorité car elle est à la base de la première sorte de pauvreté. Si nous éprouvons les uns pour les autres de l'amour et de la compassion, nous serons capables d'alléger les souffrances de ceux qui souffrent de la pauvreté financière. Mais aujourd'hui, les gens se replient sur eux-mêmes, que ce soit dans les villes ou dans les villages. La culture qui consistait à partager est en train de disparaître, même entre époux. La société ne peut garder son équilibre que si on se concentre plus sur ce que l'on peut donner que sur ce que l'on peut prendre. Mais aujourd'hui, la plupart des gens veulent seulement prendre.

Il était une fois un homme qui voulait toujours prendre. Il ne partageait jamais rien avec qui que ce soit. Il consacrait sa vie à amasser toujours plus de richesses. Un jour, en marchant, il trébucha et tomba dans un puits profond sur le bord de la route. Il fit tous les efforts possibles pour en sortir, mais en vain. Dans son impuissance, il appela à l'aide. Au bout d'un moment, un passant entendit ses cris et alla jusqu'au puits. Il tendit la main et dit à l'homme : « Donnez-moi la main ! » Mais l'homme dans le puits ne bougea pas. Le passant eut beau lui dire plusieurs fois : « Donnez-moi la main », l'homme refusa de lever le bras. Finalement, le passant tendit la main une fois encore et dit : « Prenez ma main ». Aussitôt, l'homme dans le puits attrapa la main du passant ; c'est ainsi qu'il fut sauvé.

Beaucoup d'entre nous ressemblent à l'homme tombé dans le puits. Nous ne savons que prendre. Un tel égoïsme ne peut mener qu'au déclin de la société.

Cultivons un cœur qui aspire à donner plus qu'à prendre. Notre survie repose sur l'entraide mutuelle. Ne vivons pas uniquement pour nous-mêmes. Nous ne faisons en ce monde qu'un bref passage. Soyons comme le papillon qui vit quelques jours mais donne de la joie et de la gaieté aux autres pendant sa courte vie ; chaque seconde de notre vie doit profiter aux autres. Partageons nos richesses et nos joies avec les autres. Grâce à l'entraide, à l'amour et au partage, il ne nous faut faire plus qu'un.

31. Donner et prendre

Mes enfants, les plus gros obstacles qui nous empêchent de savourer la béatitude sont le sentiment du « Moi » et nos pensées égoïstes. Nous ne sommes pas capables de faire preuve d'abnégation et d'aimer les autres. Notre attitude actuelle se résume ainsi : « Je veux tout. Je veux tout posséder. » Tant que cette attitude ne change pas, il est impossible de connaître la joie. Donc, au lieu de penser à ce que l'on peut obtenir des autres, nourrissons le désir de donner. Qui aime donner est un roi tandis que celui qui ne désire que prendre est un mendiant.

Amma se rappelle une histoire. Un homme alla un jour rendre visite à un ami qu'il n'avait pas vu depuis des années. Alors que, debout sur la pelouse, il admirait la beauté de la villa où résidait son ami, celui-ci arriva. Ils échangèrent les politesses d'usage, puis le visiteur demanda : « Tu as une superbe maison ! Qui d'autre habite avec toi ? »

« Je vis ici tout seul. »

« Tout seul ? La maison t'appartient ? »

« Oui. »

« Comment as-tu gagné assez d'argent pour acheter une maison aussi grande alors que tu es encore jeune ? »

« Mon frère aîné est millionnaire. Il a fait construire cette maison pour moi. »

Devant le silence de son ami, le propriétaire dit : « Je devine ce que tu penses. Tu aimerais avoir toi aussi un frère millionnaire, n'est-ce pas ? »

Le visiteur répondit : « Non, je pensais que si j'étais millionnaire comme ton frère, je ferais construire une belle villa pour mon frère cadet. »

Mes enfants, telle est l'attitude qu'il nous faut cultiver. Apprenez à donner. Seul celui qui donne a le droit de prendre. Celui qui est généreux est bienvenu partout. Ce que nous avons pris, ce dont nous avons joui ne dure qu'un instant, mais ce que nous avons donné et partagé sera avec nous pour toujours sous la forme de contentement, de paix et de prospérité.

Quand nous perdons l'impulsion de donner, nous pavons la voie au déclin de la société. Si nous ne pouvons pas élever des enfants qui n'aspirent qu'à donner, essayons au moins de leur inculquer le désir de donner aussi bien que de prendre. C'est ainsi seulement que l'harmonie règnera dans le pays et dans le monde.

Mes enfants, nous n'avons peut-être pas les moyens d'aider les autres financièrement, mais nous pouvons au moins leur offrir un sourire cordial ou leur parler gentiment, n'est-ce pas ? Qu'est-ce que cela nous coûte ? Celui qui n'a pas de compassion pour autrui ne mérite pas le nom de dévot. La compassion est le premier pas sur le chemin de la spiritualité. Les êtres compatissants n'ont pas besoin de partir en quête de Dieu. Dieu se précipite vers eux, car sa demeure favorite, c'est un cœur bon.

32. Faites le bien

Mes enfants, nous vivons dans un monde où règne l'égoïsme. La plupart des gens ne se préoccupent que de prendre autant qu'ils peuvent. Le monde a besoin de gens qui se soucient plus de donner que de prendre. Si quelques personnes sont prêtes à répandre le message de l'abnégation par l'exemple de leur propre vie, nous pouvons transformer la terre en paradis.

Un guru enseignait un jour à ses disciples à l'*āśhram* les différentes sortes de natures humaines. Il remplit quatre verres d'eau. Il laissa tomber une pierre dans le premier verre. Il ne se produisit aucun changement dans l'eau. La pierre tomba au fond du verre. Puis il lâcha une motte de terre dans le second verre. En se dissolvant dans l'eau, la terre la rendit boueuse. Il mit un morceau de coton dans le troisième verre. Le coton absorba peu à peu toute l'eau et se gonfla. Il mit un morceau de sucre candi dans le quatrième verre. Le sucre, en se dissolvant dans l'eau, la rendit toute sucrée.

En montrant les quatre verres, le guru dit : « Ils représentent quatre sortes de gens. La plupart des gens sont pareils à une pierre. Ils ne progressent pas et leur vie ne bénéficie pas aux autres.

La seconde sorte ressemble à la motte de terre. Non seulement ils ne font pas de bien à la société mais ils polluent le mental de ceux qui entrent en contact avec eux. Ils polluent le mental de tout le monde.

La troisième sorte d'humain ressemble au morceau de coton plongé dans l'eau. Ces gens-là sont totalement égoïstes. Ils cherchent à s'emparer de tout pour leur propre plaisir. Non seulement ils thésaurisent les richesses du monde mais ils n'aident jamais personne.

La quatrième sorte d'humain ressemble au sucre candi. Ils répandent la douceur dans la vie des autres. Ce sont eux que nous devrions prendre pour modèle. Si nous suivons leur exemple, notre vie aussi sera remplie de douceur. Peu à peu, notre douceur se répandra dans la vie des autres. »

Vous vous demandez peut-être comment une personne peut influencer le monde. De petits actes de bonté touchent de nombreuses personnes. Par exemple, si nous sourions, les gens sourient en retour. Ainsi, les bonnes actions que nous accomplissons seront une source d'inspiration pour autrui.

Ne perdons jamais l'occasion d'accomplir un acte de bonté, aussi insignifiant soit-il. De même que d'innombrables gouttelettes forment une rivière, les petits actes de bonté que nous effectuons aujourd'hui contribueront demain à l'avènement d'une profonde transformation de la société.

33. Donner

Mes enfants, notre richesse ne nous semble jamais suffisante. Néanmoins, le meilleur usage que nous puissions en faire, c'est de faire des dons à ceux qui luttent pour survivre et qui ont un besoin désespéré de cet argent.

Quand nous partons en pèlerinage, nous emportons de l'argent pour donner l'aumône aux mendiants. Nous mettons de côté des pièces dans ce but et nous faisons attention à ne pas donner plus de cinq roupies. L'acte de donner a pour but de diminuer notre égoïsme mais nous faisons preuve d'avarice même quand nous donnons. Quelles que soient nos richesses, elles ne demeureront pas éternellement avec nous. Nous devons aider ceux qui souffrent dans toute la mesure du possible. La véritable richesse est celle qui aide les autres.

Avant de donner, nous devons savoir à qui nous donnons et ce dont ils ont besoin. Nous pouvons donner nourriture et vêtements à des mendiants inconnus, mais pas d'argent. Si nous leur donnons de l'argent, ils pourraient acheter de l'alcool ou de la drogue. Alors en leur donnant de l'argent, nous leur donnons l'occasion de faire le mal.

Donnons généreusement à ceux qui n'ont pas les moyens de travailler, aux orphelins, aux personnes âgées, aux pauvres et aux malades qui n'ont pas d'argent pour acheter des remèdes. C'est là notre *dharma*, notre devoir. Mais soyons attentifs à ne pas avoir pour but la notoriété.

Les résidents d'une maison de retraite et les invités profitaient des programmes culturels présentés dans le cadre de l'anniversaire de l'ouverture de la maison de retraite. Un homme entra soudain dans la salle où avait lieu la cérémonie et éteignit tous les ventilateurs. C'était un homme d'affaires connu de la ville. Un des résidents lui demanda : « Pourquoi avez-vous éteint tous les ventilateurs ? La chaleur est insupportable. »

Le commerçant répondit : « C'est moi qui ai fait don de tous les ventilateurs de cette maison de retraite. Mon nom est marqué sur eux. Mais si les ventilateurs tournent tout le temps, personne ne verra mon nom. J'ai éteint les ventilateurs afin que ceux qui assistent à cette cérémonie sachent que j'ai fait don des ventilateurs. »

On ne peut pas qualifier un tel acte de don. L'attitude de l'homme d'affaires risque même de lui faire perdre le mérite spirituel obtenu par ce don.

L'attitude de la personne qui donne est de la plus grande importance. Quand un homme riche fait un don dans le but de devenir célèbre ou animé par un motif égoïste, son don devient alors une simple transaction commerciale. Quand on donne en voyant Dieu dans l'autre personne, en faisant un sacrifice et sans rien attendre en échange, le résultat d'un tel acte est forcément merveilleux.

34. La tête et le cœur

Mes enfants, les maîtres spirituels accordent souvent plus d'importance au cœur qu'à la tête. Bien sûr, l'intelligence est nécessaire ; Amma ne dira jamais le contraire. En vérité, la tête et le cœur ne sont pas séparés. Si notre intellect est doté de discernement, le cœur s'ouvre naturellement. De l'ouverture du cœur naît l'innocence, la capacité de faire des compromis, l'humilité et une attitude de coopération mutuelle. Le cœur est synonyme d'expansivité.

Quoi qu'il en soit, notre intelligence est aujourd'hui souvent diminuée. L'égoïsme et l'arrogance gouvernent nos pensées et cela est la cause de toute la souffrance. Quand l'arrogance augmente, notre esprit devient étroit et moins disposé à faire des compromis. Un esprit ouvert et accommodant est nécessaire aussi bien dans le monde que dans la vie spirituelle.

Imaginons qu'un homme impose certaines règles dans son foyer : sa femme devrait vivre, parler et se comporter d'une certaine manière parce qu'elle est sa femme. S'il insiste pour qu'elle suive ces règles, la paix règnera-t-elle au foyer ? Non ! Supposons qu'il ne dise pas un mot à sa femme et à ses enfants quand il rentre du travail. S'il continue à se comporter comme un directeur une fois rentré chez lui, qu'il va dans son bureau et consulte ses papiers, les membres de sa famille apprécieront-ils cette attitude ? S'il se justifie en disant que telle est sa nature, pourront-ils l'accepter ? Non. Inversement, s'il parle à sa femme avec gentillesse et passe du temps avec ses enfants, tout le monde sera heureux. La paix régnera au foyer. Quand on parle du cœur, c'est à cette attitude que l'on se réfère.

Notre caractéristique dominante est aujourd'hui l'égoïsme, et il a évincé le discernement. Cette absence se fait sentir dans notre vie. Sans une attitude qui consiste à savoir donner aussi bien que prendre, il est difficile pour la société de connaître la paix et de progresser. Pour éviter qu'une machine rouille, il est nécessaire d'y mettre régulièrement de l'huile. Ainsi, pour que le voyage de la vie soit facile, nous devons être humbles et prêts à faire des compromis. Il y a des moments où il faut employer son intelligence, mais il faut le faire avec discernement. Il s'agit donc ainsi d'accorder au cœur l'importance qui lui revient quand la situation l'exige.

Quand nous accordons au cœur la place qui lui revient, l'humilité grandit en nous ainsi que la volonté de coopérer. La paix et le contentement s'épanouissent en nous. Le but de la spiritualité, c'est aussi l'ouverture du cœur, car seul un cœur ouvert peut réaliser Dieu. Le Soi est au-delà du domaine de la logique et de l'intelligence ; c'est une expérience subjective. Si nous désirons goûter la douceur du Soi, il nous faut cultiver les qualités du cœur plus que celles de la tête.

35. La vengeance

Mes enfants, les catastrophes nous frappent souvent de manière inattendue. La mort soudaine d'un être cher ou des pertes financières trop lourdes risquent de nous faire perdre notre équilibre mental. Il est alors possible que le chagrin et la déception nous submergent. Si quelqu'un est responsable de cette souffrance, nous éprouveront peut-être une colère intense envers cette personne. Cette colère risque d'éveiller en nous un fort désir de vengeance. Toutefois, si nous prenons soin de ne pas agir sans discernement, nous pouvons ramener le mental sur la bonne voie. Pour cela, il faut aussitôt calmer le mental. Seul un mental calme est capable de penser avec clarté. Des émotions fortes et non maîtrisées affectent notre discernement et affaiblissent notre mémoire. Donc, au lieu de réagir de manière impulsive, il faut d'abord calmer le mental afin de penser clairement et de déterminer les causes de la catastrophe qui nous a frappés.

Amma se rappelle une histoire. Un chauffard ivre renversa un jeune homme et provoqua sa mort. La mort prématurée du jeune homme engendra chez sa mère une souffrance intolérable. Pendant des jours, elle fut hantée par les souvenirs que lui avait laissé son fils bien-aimé. Elle était submergée de chagrin qui se transforma peu à peu en désir de vengeance. Elle décida de tuer le chauffard pour venger la mort de son fils. Mais quand son mental s'apaisa, une autre pensée lui vint : « Si je le tue, mon fils reviendra-t-il à la vie ? Non. Et de plus, j'ai terriblement souffert de la mort de mon fils. Si je tue cet homme, sa mère et ses proches souffriront beaucoup. Pourquoi devraient-ils souffrir à cause de moi ? Personne ne devrait connaître le malheur que j'ai connu. » Elle continua sa réflexion. « Si la voiture a renversé mon fils, c'est parce que le conducteur était ivre, sinon cela ne serait pas arrivé. La cause réelle de cette tragédie, c'est donc l'alcool. Si je lance une campagne pour faire prendre conscience aux gens des dangers de l'alcool quand on est au volant, le nombre d'accidents similaires diminuera. »

Elle mobilisa l'aide de quelques amis pour faire grandir chez les gens la conscience des dangers de l'alcool au volant ; elle y consacra le reste de sa vie. Ses efforts sincères aboutirent à la création d'une grande organisation dédiée à aider les alcooliques à se soigner.

Si elle avait tué l'homme responsable de la mort de son fils, elle aurait eu beaucoup d'ennuis ! Et de plus, cet acte de vengeance n'aurait apporté aucun bienfait au monde. Une fois qu'elle eut compris la cause réelle de la mort de son fils, elle a pu mettre sa colère au service d'une noble cause. Cela fut bénéfique, et pour elle et pour la société.

Nous ne tentons généralement pas de trouver la cause réelle de nos problèmes. C'est pourquoi ils ne cessent jamais. Si nous recherchons leurs causes réelles, comme le fit la mère dans cette histoire, nous pouvons canaliser notre colère et notre désir de revanche vers un exutoire bénéfique pour la société. Si nous cherchons calmement la cause du problème au lieu de réagir impulsivement, nous pourrons faire beaucoup de bien dans le monde.

36. La colère et la vengeance

Mes enfants, tout autour de nous, nous entendons parler de colère et de vengeance. Cela se voit partout dans la société : dans les poèmes, les histoires et les romans. La plupart des films et des feuilletons télévisés tournent autour de ces thèmes. Amma a l'impression que ce thème s'infiltre maintenant même dans les dessins animés ! Même quand les personnages de dessins animés luttent contre le mal, leurs actions sont souvent violentes et cruelles. Le résultat, c'est que l'idée que la violence et la cruauté sont des manières acceptables de parer le mal se développe dans le mental, même chez les petits enfants. Amma n'aime pas cette tendance.

Nous devons rechercher la cause première de la haine et de la colère. Nous sommes en colère contre quelqu'un quand il ne se comporte pas selon nos attentes. Quand nous attendons d'une personne qu'elle nous manifeste de l'amour et qu'elle ne le fait pas, nous ressentons de la colère envers elle. Inversement, nous sommes heureux si quelqu'un nous respecte ou nous sourit. Selon la même logique, tout le monde souhaite être aimé et respecté par les autres. Comprenons-le et soyons prêts à aimer et à respecter tous les êtres.

Une mère entend son bébé pleurer et lui donne un jouet qui l'amuse quelque temps. Peu après, l'enfant pleure de nouveau. Si la mère lui donne un autre jouet, la petite cessera peut-être de pleurer pendant un petit moment. Mais elle ne pleure pas pour avoir des jouets : elle a faim et pleure pour avoir du lait. Les larmes et la peine de l'enfant ne cesseront que quand la mère trouvera la raison de ses larmes et la nourrira. Ainsi, c'est en soi-même qu'il faut chercher la cause de la colère et de la haine au lieu de rechercher une paix et une joie temporaires.

Amma se rappelle l'histoire d'un dévot qui partit en pèlerinage pour mettre fin à sa souffrance et à son chagrin. Il voyagea pendant des jours et dut endurer bien des difficultés pour se rendre dans un lieu saint. L'endroit était bondé de dévots. Alors que tout le monde priait silencieusement devant le sanctuaire, quelqu'un lui marcha sur le pied par mégarde. Incapable de maîtriser sa colère, l'homme oublia qu'il était dans un lieu sacré. Furieux, il cria sur l'homme qui, par accident, lui avait marché sur le pied. Non seulement il perdit sa paix intérieure, mais il brisa la paix et la tranquillité qui régnaient dans le lieu saint en interrompant la prière sincère de nombreux fidèles.

Mes enfants, ne vous comportez jamais ainsi. Le but du *japa* (la répétition du mantra) des prières et des pèlerinages est d'acquérir de nobles qualités telles que la patience et la sérénité. Seules ces vertus peuvent nous permettre de jouir d'une paix et d'une joie réelles.

C'est la haine et le désir de vengeance qui habitaient Rāvaṇa et Duryōdhana qui entraînèrent leur mort et la destruction de leur clan et de leur pays. N'oubliez jamais que ceux qui nourrissent du ressentiment non seulement détruisent les autres mais courent eux aussi à leur perte. Puisse la bonté briller chez mes enfants.

37. Les accès de colère

Mes enfants, une des raisons clés de la rupture des relations, c'est la colère incontrôlée. Nous nous mettons souvent en colère à propos de choses triviales. Avec un peu de maîtrise de soi, on peut éviter de nombreux problèmes liés à la colère. Parfois, à cause d'un malentendu, on se met en colère contre des innocents. Nous aurons beau leur demander pardon de nombreuses fois quand nous aurons compris notre erreur, leur cœur blessé ne nous pardonnera jamais complètement. Il nous faut donc apprendre à maîtriser la colère. Si quelque chose nous met en colère, faisons preuve de patience au lieu de régir impulsivement. Peu à peu, nous vaincrons l'habitude de nous mettre en colère.

Une femme dit à son amie : « Chaque jour, quand mon mari rentre du travail, nous nous disputons. Y a-t-il un moyen d'éviter cela ? »

Son amie lui dit : « Ne t'inquiète pas, j'ai sur moi le médicament parfait. Dès que ton mari commence à parler avec colère, prend ce remède. Ne l'avale pas, garde-le simplement dans la bouche. » Sur ce, l'amie lui remet la bouteille contenant le remède.

Ce soir-là, dès que le mari se mit en colère, la femme se versa le remède dans la bouche. Au bout d'un moment, le mari se calma. La même chose se reproduisit les deux jours suivants. La femme était étonnée. Le lendemain, elle dit à son amie : « Ton remède est vraiment efficace ! Nous ne nous sommes pas disputés pendant trois jours. S'il te plaît, indique-moi comment préparer ce médicament pour que je le fasse moi-même. »

Son amie répondit : « Je te donnerai la formule, mais attendons encore six mois. »

Six mois passèrent. Il n'y avait plus de disputes dans le foyer où régnaient maintenant la paix et l'amour. L'amie dit alors un jour à l'épouse : « Je vais te livrer le secret de ce remède. Il ne contient aucun ingrédient spécial. Ce n'est en réalité que de l'eau. Quand tu l'as gardée dans la bouche, incapable de parler, le mental de ton mari s'est calmé. Ton mental aussi a obtenu un peu de temps pour se calmer. C'est tout. »

Cette histoire montre clairement que si nous faisons preuve d'un peu de patience, la vie devient paisible et heureuse.

Quand nous sommes en colère, abstenons-nous de dire les mots qui nous viennent à l'esprit. Abstenons-nous aussi de mettre à exécution les décisions que nous prenons dans un tel moment. La colère est comme une plaie ouverte dans le mental. Il faut d'abord essayer de soigner la blessure.

La patience et le discernement sont les seuls antidotes à la colère. En prenant du recul, on acquiert la capacité de percevoir ses propres faiblesses. On voit clairement ses pensées, comme si elles se reflétaient dans un miroir propre. On comprend alors la petitesse de la colère et on prend conscience de la grandeur du pardon.

38. La guerre et les conflits

Mes enfants, nombreux sont les êtres éveillés qui ont œuvré inlassablement pour la paix dans le monde et nombreux sont ceux qui œuvrent encore aujourd'hui. Et pourtant, nous ne voyons pas beaucoup de changement dans le monde. Les guerres, les conflits, la pauvreté et les famines perdurent aujourd'hui encore. « Y a-t-il une solution durable à ces problèmes ? » Beaucoup de gens posent cette question.

La guerre et les conflits que nous voyons aujourd'hui dans le monde sont la manifestation extérieure de conflits intérieurs qui font rage dans le mental humain. Le mental devrait être notre serviteur obéissant mais actuellement, il est le maître et nous manipule. La haine, la colère et la cruauté qui existent dans le mental humain sont beaucoup plus mortels que tous les explosifs du monde extérieur. Si nous ne purgeons pas ces émotions toxiques, la guerre et les conflits continueront à prévaloir dans le monde.

Perché sur un arbre, un rossignol chantait. Son chant était très mélodieux. Un chasseur prit l'oiseau au piège et voulut le tuer. L'oiseau le regarda dans les yeux d'un air pitoyable et implora : « S'il te plaît, ne me tue pas. Laisse-moi partir ! » La prière du rossignol aurait ému une pierre ; elle toucha le cœur du chasseur. Il prit conscience à ce moment-là du contraste saisissant entre le rossignol, qui volait rapidement de-ci de-là avec béatitude en gazouillant si joliment, et sa propre vie marquée par la cruauté et la haine. Il dit au rossignol : « Je vais te relâcher à une condition : dis-moi le secret de ta joie. »

Le rossignol dit : « J'ai peur de toi. Laisse-moi d'abord partir, ensuite je te dirai le secret de ma joie. »

Le chasseur relâcha l'oiseau. En s'envolant, le rossignol dit : « C'est le mal en toi qui engendre tant de souffrance et de tristesse. Ton cœur est totalement assombri par la cruauté alors que nous, nous ne faisons de mal à personne. La bonté de notre cœur est la cause de notre joie. »

Les paroles du rossignol ouvrirent les yeux du chasseur. Il abandonna la voie de la cruauté et sa vie suivit un autre chemin.

Notre cœur devrait fondre de compassion en voyant la souffrance et la peine des autres. La compassion que nous avons dans le cœur doit se refléter dans nos actions. La compassion est la solution en un mot à tous les problèmes du monde. S'il nous faut donner une solution en deux mots, ce seraient l'amour et la compassion. Si la solution doit tenir en trois mots, ce seraient l'amour, la compassion et la patience. La guerre et les conflits ne prendront fin que quand le mental des individus sera rempli de compassion.

39. Les critiques

Mes enfants, il est naturel de ressentir du chagrin, de la colère et du désespoir quand on est critiqué. Mais ce genre de réaction nous vide de notre énergie. Si toutefois nous ne devenons pas esclaves des émotions et que nous stimulons plutôt notre discernement, nous réussirons à préserver notre équanimité face aux critiques et à en tirer des leçons. Nous pourrons alors progresser et réussir dans la vie.

Il n'est pas facile de prendre conscience de ses propres erreurs et de ses faiblesses. Considérons donc nos critiques comme nos meilleurs maîtres car ils nous aident à prendre conscience de nos faiblesses. Ceux qui nous couvrent de louanges ne le peuvent pas. Mais quand d'autres nous critiquent ou expriment leur aversion envers nous, livrons-nous à l'introspection : « Pourquoi me critique-t-on ? Quelle erreur ai-je donc commise pour susciter ces critiques ? » On peut ainsi transformer les critiques et les accusations en tremplin vers le progrès.

Un enfant est embarrassé et fâché si ses amis lui montrent des taches sur ses vêtements. Il peut même leur en vouloir. Mais si quelqu'un indique à un adulte qu'il y a des taches sur ses vêtements, celui-ci n'éprouvera aucun ressentiment, il n'aura que de la gratitude. Il ne sera pas non plus embarrassé car il ne considère pas les taches comme une faiblesse de sa personne. Mais l'enfant ne possède pas ce discernement, c'est pourquoi dans une telle situation, il est malheureux et contrarié.

Mais si on critique le comportement ou les actions d'un adulte, il est naturellement fâché et réagit par la colère. Il ne manifeste pas le même détachement que dans le cas des taches sur ses vêtements ; la cause de cela, c'est qu'il s'identifie à son comportement et à ses actions. Il ne parvient pas à les considérer avec détachement, comme un témoin. S'il y parvient, il réussira à accepter calmement toute critique, toute accusation et à se corriger si elles sont fondées. S'il franchit encore une étape, il remerciera même ceux qui l'ont critiqué. Si les critiques sont sans fondement, il pourra en rire.

Comme une tige de lotus tire tous les nutriments nécessaires de la boue où plongent ses racines et produit des fleurs de lotus belles et parfumées, apprenons à tirer de la boue de la critique plus de conscience et d'énergie. Si nous y parvenons, la liane de notre vie donnera les fleurs de la paix et du bonheur.

40. La spiritualité et la pauvreté

Mes enfants, certains affirment que la cause de la pauvreté en Inde (Bhārat) est sa culture spirituelle. Mais la spiritualité n'est pas un obstacle au fait d'acquérir des richesses ou de progresser matériellement. La spiritualité encourage bien au contraire même le progrès matériel. Il y a bien longtemps que cela a été reconnu comme un des buts de la vie, tout comme le *dharma* (mener une vie juste) et *mōkṣha* (la libération spirituelle). Gardons-nous cependant d'accumuler des richesses par des moyens immoraux ou pour des raisons égoïstes.

Il y a bien longtemps, la population de l'Inde était imprégnée de spiritualité. Pour cette raison même, elle jouissait aussi de la prospérité matérielle. Mais peu à peu, certains sont devenus de plus en plus avides. Ils rivalisaient entre eux pour obtenir richesses, pouvoir et statut. Leur orgueil et leur jalousie les conduisirent à abandonner le *dharma* et à oublier Dieu. Les discordes s'intensifièrent, l'unité et la force du pays diminuèrent et cela eut pour conséquence la conquête par des puissances coloniales qui gouvernèrent l'Inde pendant des siècles. Ils pillèrent le pays et le dépouillèrent totalement de sa richesse. Comme il serait difficile de semer une graine dans le désert et d'en prendre soin jusqu'à ce qu'elle germe et devienne un jeune arbre robuste ! Tel est l'état de notre pays ; il nous faut travailler dur pour lui permettre de redevenir luxuriant et verdoyant.

Malheureusement, la vérité, c'est que même ces expériences amères ne nous ont rien appris. La majorité d'entre nous se préoccupent plus de leurs gains personnels que du développement de la nation. Ils ne se rendent pas compte que la vraie prospérité matérielle ne peut être obtenue qu'en se tournant vers la spiritualité. Si nous continuons ainsi et oublions notre propre culture, nous souffrirons grandement en conséquence.

La nature nous a donné suffisamment pour que le pays se développe de manière durable. Si nous employons nos ressources correctement, il n'y aura pas de pauvreté chez nous. Mais une fois que l'Inde a obtenu son indépendance, nous n'avons pas exploité correctement nos ressources naturelles. Certains pays transforment des déserts en terres agricoles, mais nous transformons nos champs fertiles en friches. Le développement rural n'est toujours pas une priorité. Pour que cela change, il faut que des jeunes diplômés aillent dans les villages et informent les villageois des programmes de soutien que le gouvernement a instaurés pour eux. Il faut aussi qu'ils motivent les gens, en sorte qu'ils considèrent leur pays comme leur foyer. Ils doivent encourager les gens à utiliser les terres agricoles pour cultiver. Et en même temps, ils doivent aussi leur transmettre notre culture spirituelle.

La spiritualité nous enseigne à donner à la société plus que nous ne prenons. Quand nous assimilons les principes spirituels, nous faisons plus attention aux autres. Nous les voyons comme nous-mêmes et nous sommes prêts à partager nos ressources avec eux. Les sages de jadis conseillaient : ayez cent mains pour gagner de l'argent et mille mains pour le partager. Si nous assimilons ce message, l'avenir de l'Inde sera glorieux.

41. Comment changer ?

Mes enfants, tout le monde désire changer. Tout le monde souhaite surmonter ses faiblesses physiques et psychologiques, se libérer d'émotions et d'habitudes négatives. Mais la plupart d'entre nous ne savent pas vraiment comment s'y prendre.

Il est difficile de changer sa nature. C'est pourquoi bien souvent, nous changeons seulement de comportement, mais pas de caractère. Au lieu d'éliminer l'ego, beaucoup d'entre nous le cachent habilement et portent un masque d'humilité. Nous réprimons ou cachons des émotions telles que la colère, la jalousie et la haine. Mais en réprimant une émotion, on ne peut ni la tenir à distance ni l'empêcher de revenir.

Quelques garnements éparpillèrent un jour des ronces dans la cour de deux maisons voisines. Un des voisins, quand il découvrit les ronces le matin, les recouvrit d'une couche de terre et c'est ainsi qu'il géra le problème. Le second ramassa patiemment les ronces une par une, les jeta dans un feu où elles furent réduites en cendres. Ils résolurent donc tous les deux le problème. Mais que se passera-t-il quand il pleuvra ? Le jardin du premier sera rempli de ronces. Et il devra travailler deux fois plus dur que le deuxième pour enlever toutes les épines. Il en va de même avec nos émotions négatives. Même si nous réussissons à les réprimer temporairement, cela ne signifie pas que nous les avons définitivement éliminées.

Au lieu de réprimer ou de cacher nos tendances négatives, nous devons les affronter avec les armes de la vigilance et du discernement. Prenons tout d'abord la ferme résolution de ne plus jamais devenir esclaves de ces émotions ou de ces pensées. Chaque fois que de telles pensées nous viennent, il s'agit de les remarquer et de retirer notre mental de telles pensées. Puis, recherchons la raison pour laquelle de telles pensées nous viennent et efforçons-nous d'éliminer les causes.

C'est essentiellement notre manque de vigilance qui fait que nous agissons selon nos *vāsanās* (tendances latentes). Si le gardien de la maison reste éveillé et vigilant toute la nuit et porte sa lanterne en patrouillant la propriété, aucun voleur ne pourra s'introduire dans la maison. Quelqu'un qui a pris la ferme résolution de ne pas céder à ses faiblesses et qui observe chacune de ses pensées avec vigilance remarque la moindre pensée négative qui se glisse dans le mental et de cette façon, parvient à la dominer.

Il est impossible d'éliminer immédiatement une mauvaise habitude. Mais grâce à des efforts constants et à une forte détermination, on peut en triompher et ainsi, transformer complètement sa vie.

42. La méditation

Mes enfants, la véritable connaissance, c'est d'apprendre à concentrer le mental. Cela est possible grâce à la méditation.

La méditation permet de réduire les tensions et de soulager l'angoisse. Grâce à la méditation, on peut savourer la béatitude et la paix intérieure. La méditation augmente la beauté, la durée de la vie, la force, la santé, l'intelligence et l'énergie.

Il faut d'abord apprendre à méditer correctement dans la solitude. Il n'est pas nécessaire de croire en Dieu pour méditer. Il existe de nombreuses techniques de méditation. Pendant la méditation, on peut concentrer le mental sur n'importe quelle partie du corps ou se concentrer sur un point, ou bien on peut imaginer que l'on ne fait plus qu'un avec l'infini. On peut aussi, si cela nous plaît, regarder la flamme d'une lampe à huile. On peut allumer une bougie ou une lampe dans une pièce sombre et fixer la flamme pendant un long moment. La flamme ne devrait pas vaciller. On peut aussi visualiser cette flamme dans le cœur ou entre les sourcils.

On peut se concentrer sur la lumière intérieure qui apparaît quand on regarde la lampe. Ceux qui aiment méditer sur une forme peuvent imaginer leur divinité d'élection (*iṣhṭa-dēvatā)* debout au milieu de la flamme. Mais il vaut mieux visualiser l'*iṣhṭa-dēvatā* debout dans les flammes du feu sacrificiel (*hōma*) car alors on peut imaginer que l'on offre sa jalousie, son ego et ses autres négativités dans les flammes dévorantes du feu sacrificiel.

Pour les débutants, il est plus facile de méditer sur une forme que sur le sans-forme. Si on médite sur *l'iṣhṭa-dēvatā* (divinité d'élection), cela aide le mental à se concentrer sur elle. Les qualités sattviques de l'*iṣhṭa-dēvatā* se développeront en nous. Posez devant vous une petite photo de votre divinité d'élection. Restez assis et contemplez la photo un moment. Puis fermez les yeux et essayez de visualiser cette forme clairement dans votre mental. Quand la forme n'est plus claire, ouvrez les yeux et regardez de nouveau la photo. Puis, fermez à nouveau les yeux et imaginez que vous parlez à votre *iṣhṭa-dēvatā*. Mentalement, étreignez votre *iṣhṭa-dēvatā* et implorez-la : « Ô Seigneur, ne me quitte pas ! » Si on médite ainsi avec attention, la forme de la divinité apparaîtra clairement dans le cœur.

La nature du mental est de vagabonder. La méditation équivaut donc à essayer de pousser une bûche creuse dans l'eau ; dès qu'on relâche la pression, le bois remonte à la surface. Le mental se comporte de la même manière. Il est donc nécessaire au stade initial de faire un peu pression sur le mental pour le faire méditer. Mais une fois que nous avons pris goût à la méditation, il n'est plus nécessaire de forcer le mental. La méditation devient une joie.

En pratiquant la méditation régulièrement, peu à peu, le mental devient plus calme jusqu'à ce qu'il devienne clair comme du cristal. Le Soi suprême brillera dans un mental calme, comme le soleil se reflète dans un lac tranquille.

43. Les différentes conceptions du Divin

Mes enfants, certains critiquent l'adoration de Gaṇapati et d'Hanumān, disant que ce sont là des pratiques primitives parce que le premier a une tête d'éléphant et le second le corps d'un singe. Au premier regard, une telle critique semble justifiée. Mais si on approfondit le sujet, on découvre la noblesse des principes, des idéaux et des buts qui gouvernent l'adoration de telles formes.

Amma a vu des tableaux accrochés sur les murs de nombreuses maisons en Occident. Un jour, Amma a vu un tableau qu'une personne ordinaire ne peut pas comprendre : quelques coups de pinceau, de quatre ou cinq couleurs différentes. On aurait dit que quelqu'un avait plongé un balai dans la peinture et en avait barbouillé la toile ! Mais ce tableau valait cinq cent mille dollars. Il était protégé par des gardes et des caméras de sécurité. Nous ne comprenions pas le sens de cette peinture, mais les propriétaires étaient capables d'en parler pendant des heures. Personne ne considère que le peintre est idiot, il est au contraire considéré comme un grand artiste. Personne ne demande aux propriétaires pourquoi ils ont payé ce tableau un prix exorbitant alors que tant de gens ont faim. La valeur du tableau ne diminue pas parce que les gens ordinaires n'en comprennent pas le sens. Ainsi, pour apprécier à leur juste valeur la grandeur des déités du panthéon hindou, il faut d'abord comprendre les principes qui les gouvernent.

La véritable richesse de Bhārat (l'Inde), c'est sa culture. Mais nous ne cherchons pas à la comprendre. Notre foi se limite aux rituels traditionnels et aux fêtes. Mais cette foi est si fragile que si quelqu'un la critique un peu, nous la perdons. Il est donc nécessaire que nous fassions des efforts pour comprendre le fondement scientifique de notre culture.

Dans le *Sanātana dharma* (Hindouisme), Dieu est la conscience omniprésente au-delà de tout attribut, de tout nom et de toute forme. Mais afin de bénir ses dévots, Il peut prendre n'importe quelle forme. De même que le vent qui souffle sous la forme d'une douce brise, d'une forte bourrasque ou même apporte la destruction sous la forme d'un cyclone, le Seigneur tout-puissant qui régit le vent, peut adopter une infinité de *bhāvas* (formes et humeurs divines). Nous vénérons donc un seul Dieu sous les formes variées de Viṣhṇu, Śhiva, Gaṇapati, Hanumān, Durgā et Saraswatī.

Les diverses qualités du Divin sont illustrées par la variété des déités. Hanumān symbolise le principe qui consiste à maîtriser le mental aussi agité qu'un singe. Le *praṇava* (Ōm) est le son primordial. C'est pourquoi Gaṇapati, qui a la forme du *praṇava*, mérite d'être adoré en premier. De même, la forme de chaque déité possède un sens subtil. Quelle que soit la forme divine que nous vénérons, nous atteindrons finalement la Vérité suprême, le Sans-forme.

44. La pratique du japa

Mes enfants, comment maîtriser le mental et le concentrer : c'est un problème qui préoccupe la plupart des gens. Il suffit de fermer les yeux pour voir à quel point le mental est agité. Même quand nous prions dans le temple, nos pensées vont vers les tâches qu'il faudra accomplir en rentrant à la maison. Le *mantra-japa*, la récitation constante du mantra est le processus grâce auquel le mental agité peut être attaché à une seule pensée. En récitant constamment un nom divin ou un mantra, la variété déconcertante des pensées diminue et le mental est plus concentré.

« Affichage interdit » : ces deux mots font en sorte que le mur ne soit pas recouvert de publicités ou d'avis à la population. Ainsi, avec une seule pensée, le mantra, on peut mettre fin aux errances du mental. Il est bon pour la santé de réduire le nombre des pensées et cela augmente la durée de vie.

Mais, dira-t-on, les pensées ne viennent-elles pas même quand on récite le mantra ? Même si d'autres pensées viennent, elles ne seront pas trop nuisibles. Une pensée est comme un enfant. Quand l'enfant dort, la mère peut travailler sans être dérangée. Mais une fois que l'enfant est réveillé et se met à pleurer, il lui sera difficile de terminer les tâches domestiques. Ainsi, les pensées qui viennent pendant que l'on récite le mantra ne sont pas dangereuses, elles ne nous perturberont pas.

Le mieux, c'est de réciter un mantra après l'avoir reçu d'un guru qui nous a initié. Pour faire du yaourt, on ajoute un peu de yaourt au lait. De même, pour recevoir pleinement les bienfaits de la récitation du mantra, il faut le recevoir d'un guru. Cela dit, il n'est pas nécessaire d'attendre cela pour pratiquer le *japa*. On peut commencer par réciter un nom divin ou un mantra que l'on aime. On peut, par exemple, réciter *"Ōm namaḥ śhivāya," "Ōm namō nārāyaṇāya," "Ōm parāśhaktyai namaḥ"* ou tout autre mantra. Ceux qui aiment le nom du Christ, d'Allah ou de Bouddha peuvent répéter ce nom.

En récitant le mantra, on peut se concentrer soit sur la forme de sa divinité d'élection, soit sur le son du mantra. À chaque répétition du mantra, on peut imaginer que l'on offre une fleur aux pieds de la divinité bien-aimée. Ou on peut se concentrer sur chaque syllabe du mantra. Quelle que soit la technique que l'on adopte, ce qui importe, c'est de ne pas laisser le mental vagabonder. Il faut le fixer sur la pensée du Seigneur.

On peut pratiquer le *japa* à tout moment. On peut réciter son mantra assis sans rien faire, en marchant ou en voyageant ; ce sont des moments idéaux pour pratiquer le *japa*. C'est seulement quand le *japa* devient une habitude que le flot incontrôlé des pensées se calme. Gardez constamment un rosaire (*mala*) avec vous. Servez-vous en pour effectuer quotidiennement un nombre fixe de répétitions. Cela vous aidera à nourrir l'habitude du *japa*.

Au début, il ne faut pas pratiquer le *japa* pendant de longues périodes car cela pourrait provoquer des problèmes physiques ou mentaux. Faites d'abord le *japa* pendant une courte durée puis augmentez cette durée jusqu'à ce que le *japa* devienne une habitude. Ensuite, le mental répètera le mantra sans aucun effort.

Certains récitent un mantra pendant quelques jours. Puis ils se disent que ce mantra n'est pas assez puissant et ils choisissent de réciter un autre mantra, soi-disant plus puissant. Le fait de changer périodiquement de mantra ne nous aidera pas. Quel que soit le mantra, sa récitation régulière et appliquée permettra peu à peu de calmer le mental. Il faut donc s'en tenir à un seul mantra.

Comme le *japa* est une pratique facilement accessible à tous, la plupart des religions le reconnaissent comme une *sadhana* (une pratique spirituelle). La pratique régulière du *japa* apporte la paix et la concentration du mental. Cette pratique nous aide à accomplir nos activités quotidiennes avec plus d'habileté et d'efficacité.

45. Le sacrifice

Mes enfants, le but de la vie humaine, c'est la paix et la liberté éternelles. Quand la conscience de cette vérité est profondément ancrée dans le mental, les désirs pour les objets du monde cessent d'eux-mêmes. Cela dit, on ne peut pas appeler cela un sacrifice. Un sacrifice n'est complet que quand on abandonne l'attitude du « moi et du mien ». Plus que ce à quoi on renonce, ce qui compte, c'est l'attitude intérieure qui préside à notre action.

Si notre propre enfant tombe malade, nous l'emmenons à l'hôpital. Si nous ne trouvons pas de véhicule pour y aller, nous portons l'enfant jusqu'à l'hôpital, même s'il est loin de chez nous. Nous sommes prêts à implorer un grand nombre de gens pour faire admettre l'enfant à l'hôpital. S'il n'y a pas de chambre disponible, nous irons dans le dortoir et nous dormirons par terre près de l'enfant. Nous prendrons beaucoup de jours de congé sans solde pour soigner l'enfant jusqu'à ce qu'il soit rétabli. Mais tous ces efforts étant accomplis pour notre propre enfant ne méritent pas le nom de renoncement.

Pour obtenir le moindre bout de terrain, nous sommes prêts à des procès interminables. Notre motivation, c'est d'en devenir propriétaire. Nous sacrifions peut-être notre sommeil pour faire des heures supplémentaires et gagner plus d'argent. Aucun de ces actes n'est du renoncement. Sacrifier son plaisir et son confort pour aider une autre personne, c'est du renoncement. Travailler dur, endurer des épreuves et employer l'argent ainsi gagné à aider une personne pauvre, c'est du renoncement. Si l'enfant du voisin tombe malade et que nous sommes prêts à l'accompagner pendant son séjour à l'hôpital sans rien attendre en échange, pas même un sourire, on peut appeler cela du renoncement.

Les actions faites sans l'attitude du « moi » et du « mien », pour le bien du monde et comme une offrande à Dieu sont les plus nobles exemples de renoncement. De tels actes d'abnégation ouvrent les portes vers le monde du Soi. Seules de telles actions méritent le nom de *karma-yōga*. En revanche, si on renonce à quoi que ce soit avec l'attitude du « moi » et du « mien », cela ne mérite pas le nom de sacrifice.

Il était une fois un homme riche qui voulait devenir *sanyāsī* (moine). Il fit don de toute sa fortune à de nombreuses causes nobles, bénéfiques pour les gens. Puis il devint un *sanyāsī*, alla au sommet d'une montagne, y construisit une petite hutte et y vécut. Apprenant qu'un *sanyāsī* vivait au sommet de la montagne, beaucoup de gens vinrent lui rendre visite. Mais il n'avait qu'une seule chose à dire à tous ces gens : « Savez-vous qui je suis ? Savez-vous à quel point j'étais riche ? C'est moi qui ai donné l'argent nécessaire pour construire l'immense école que vous voyez là-bas. C'est moi encore qui ai financé l'hôpital qui se trouve à côté de l'école. Et le temple que vous voyez, c'est encore avec mon argent qu'il a été construit. » Il avait certes fait don de toutes ses richesses pour mener la vie d'un moine, mais il avait gardé la notion du « moi ». Comment peut-on qualifier cela de renoncement ?

Quand nous revoyons un ami que nous n'avons pas vu depuis longtemps, nous lui offrons peut-être un bouquet de fleurs. Nous sommes le premier ou la première à profiter de la beauté et du parfum des fleurs. Nous avons aussi la satisfaction de donner. Ainsi, grâce au service désintéressé, sans même s'en apercevoir, on obtient la béatitude et le contentement. Celui qui accomplit sincèrement du service désintéressé n'a pas besoin de s'inquiéter s'il ne peut pas réciter son mantra ou méditer par manque de temps ; il atteindra l'immortalité. Sa vie de sacrifice sera bénéfique à tous. La compagnie d'un tel être est le plus grand des *satsaṅg*.

46. La prière et la foi

Un bon nombre de dévots confient à Amma avec tristesse que leurs chagrins et leurs malheurs n'ont pas diminué bien qu'ils prient depuis des années. La plupart des gens prient soit pour que leurs désirs soient exaucés soit par crainte : « Ô Seigneur, daigne exaucer ce désir ! » ou bien : « Je T'en prie, épargne-moi cela ! ». De telles prières ne signifient-elles pas qu'ils savent mieux que Dieu ce qui est le meilleur pour eux, bref, qu'ils sont supérieurs à Dieu ? Croient-ils vraiment que Dieu, qui les a créés et a créé le monde et n'a jamais cessé de protéger tout cela, ignore ce qui est bon et ce qui est mauvais pour eux ? Ils pensent que prier consiste à présenter à Dieu une litanie de ce qu'ils souhaitent obtenir ou éviter. Mais prier, ce n'est pas énumérer ses désirs personnels.

Cela ne veut pas dire qu'il ne faut pas confier ses chagrins à Dieu. Il est bon de se décharger du poids de sa tristesse car cela apporte un certain soulagement au mental. Mais ce qui est plus important, c'est de penser à Dieu avec amour. Passez chaque jour au moins un peu de temps à méditer sur Dieu, à réciter votre mantra et à chanter des *bhajans* (chants dévotionnels). Quand on se rend dans un temple, ce devrait être avec l'intention de penser à Dieu.

Ne croyez pas qu'il suffise de croire en Dieu pour recevoir Sa grâce. Il faut aussi agir en accord avec sa foi. On ne guérit pas d'une maladie parce qu'on a foi dans le médecin, n'est-ce pas ? De même, la foi et l'effort doivent aller de pair.

Bien que Dieu demeure en nous, nous ne sommes actuellement pas capables de ressentir pleinement Sa présence. Mais on peut y parvenir grâce à la dévotion. La prière, la méditation et la pensée constante de Dieu lient le mental fermement à Dieu. Alors nous pourrons constamment ressentir Sa présence.

Un couple partit un jour en croisière. Soudain, le ciel s'assombrit. Il y eut des coups de tonnerre et il se mit à pleuvoir des trombes. Des vents violents secouaient fortement le navire. Craignant pour leur vie, tous les passagers furent pris de panique. Un homme garda pourtant son calme malgré la situation. Mais sa femme se mit à hurler de terreur. Il tenta de la calmer mais malgré tous ses efforts, il n'y réussit pas. Finalement, il se mit en colère, sortit un pistolet de son sac et dit à sa femme : « Ne dis pas un mot de plus, sinon, je te tue ! »

En voyant le pistolet, sa femme répliqua négligemment : « Crois-tu vraiment pouvoir m'intimider ? ». « N'éprouves-tu pas la moindre peur à la vue de ce revolver ? » demanda son mari. « Je sais bien qu'il s'agit d'une arme mortelle. Mais tant qu'elle est entre tes chères mains, je n'ai aucune crainte. Je sais que tu ne me feras jamais de mal », dit-elle.

« Eh bien de la même manière, je sais que ces vents violents sont entre les mains de Dieu que je vénère. Il y a en moi la foi solide qu'Il ne me fera jamais de mal. C'est pourquoi je peux affronter sans crainte ce grave danger », dit l'homme.

Mes enfants, toute difficulté que nous rencontrons dans la vie est l'œuvre de Dieu ; une fois que nous en sommes conscients, nous pouvons sans crainte affronter n'importe quelle situation. Cela ne veut pas dire qu'il faut rester oisif. Il faut faire ce qui doit être fait. Mais acceptons ce que nous ne pouvons pas changer comme la volonté de Dieu. Si nous en sommes capables, nous pourrons vivre en paix dans ce monde.

47. La valeur du sourire

Mes enfants, le doux sourire qui éclaire un visage est l'expression extérieure de la conscience divine qui réside à l'intérieur. Un sourire sincère est toujours accompagné de l'amour, du bonheur, de la compassion et de la patience. Un sourire illumine notre vie. Un sourire sincère est comme une lumière qui dissipe les ténèbres du chagrin et de la déception dans le cœur d'autrui.

Un homme était là, debout sur le trottoir, l'air abattu. Rejeté de tous, il n'avait plus la volonté de vivre. Une petite fille qui passait lui lança un doux sourire. Ce sourire le réconforta énormément. L'idée qu'au moins une personne au monde lui avait souri lui redonna sa vitalité. Il pensa à un ami qui l'avait aidé des années auparavant quand il avait des difficultés. Il écrivit aussitôt à cet ami. Quand il reçut la lettre de cet homme avec lequel il n'avait pas eu de contact depuis des années, l'ami fut ravi. Il donna dix euros à un pauvre homme qui acheta un billet de loterie avec cet argent. Et ô miracle, le billet gagna le gros lot ! Il se présenta et on lui versa l'argent gagné. C'est alors qu'il vit un mendiant malade allongé sur le trottoir. L'homme se dit : « C'est Dieu qui m'a béni et m'a donné cet argent ; je vais en profiter pour aider ce mendiant. » Il emmena le mendiant à l'hôpital et paya pour le faire soigner.

Une fois le mendiant guéri, il sortit de l'hôpital. Il vit alors un petit chiot qui était tombé dans une flaque d'eau. Le chiot était trop faible pour marcher. Transi de froid et de faim, il gémissait pitoyablement. Le mendiant le ramassa, l'enveloppa dans ses vêtements et le porta sur son épaule. Il alluma un petit feu pour réchauffer le chiot tremblant et partagea sa nourriture avec lui. Rassasié par la nourriture et réchauffé par le feu, le chiot retrouva des forces et suivit le mendiant. Quand la nuit tomba, le mendiant demanda la permission de dormir sur la véranda d'une maison. Au milieu de la nuit, ils furent tous réveillés par les aboiements incessants et frénétiques du chien. Ils s'aperçurent qu'une partie de la maison était en feu : la pièce où dormait leur unique enfant. Les parents secoururent l'enfant et en unissant leurs efforts, ils réussirent à éteindre le feu avant qu'il ne s'étende ailleurs. Il s'avéra que pour cette famille, le fait d'accorder au mendiant et au chiot une place où dormir fut une vraie bénédiction.

Tout avait commencé par le sourire innocent d'une petite fille. Elle n'avait fait que sourire à l'homme debout sur le trottoir, mais ce sourire a transformé de nombreuses vies ! Il a éveillé l'amour et la compassion dans bien des cœurs et a illuminé leur vie.

Même si on ne peut pas aider sur une grande échelle, efforçons-nous de sourire avec sincérité à ceux qui sont blessés et seuls et parlons leur avec amour.

48. Le Seigneur Kṛiṣhṇa

La personnalité du Seigneur Kṛiṣhṇa avait de multiples aspects : il a donné la *Bhagavad-Gītā* au monde, il a rétabli le *dharma* (la primauté de la Loi divine) et se montra un stratège politique habile. Mais par-dessus tout, il était l'incarnation de l'Amour et répandait l'amour sur tous.

Un érudit venu de Dwārakā arriva un jour à Vṛindāvan. Toutes les *gōpīs* (laitières) se rassemblèrent avec enthousiasme autour de lui, impatientes d'entendre des nouvelles du Seigneur. L'érudit leur dit : Le Seigneur vit heureux à Mathurā. Quel dommage qu'il ne vous ait pas emmenées avec lui ! Il a accordé la prospérité à Akrūra et à Kuchēla. Pour Satyabhāmā, il a fait descendre du Ciel le *kalpavṛikṣha* (l'arbre qui exauce tous les désirs). Ne sait-il pas que vous vivez encore dans des huttes ? »

Les *gōpīs* dirent alors : « Quel bonheur pour nous d'entendre que le Seigneur vit dans la joie ! Tu as mentionné le fait que nous vivons dans de simples huttes. Quand le Seigneur était enfant, Il a béni ces huttes en y marchant avec ses tendres petits pieds : elles ont donc plus de valeur pour nous qu'un palais. Pour nous, le moindre arbre *kadamba* de Vṛindāvan est un *kalpavṛikṣha*. Ces arbres sont liés à d'innombrables souvenirs sacrés ! Le souvenir du Seigneur est la seule richesse éternelle et impérissable. Notre seule prière est que ces souvenirs ne nous quittent jamais. Pour nous, aucun palais, aucun *kalpavṛikṣha* n'est supérieur à ces souvenirs. »

Devant l'innocente dévotion des *gōpīs*, les yeux de l'érudit se remplirent de larmes. Il dit : « Quand j'ai eu le darśhan du Seigneur à Dwārakā, j'ai dit : « Ô Seigneur ! Ma vie est aujourd'hui comblée ». Le Seigneur a répondu : « Tu n'as vu que mon corps. Si tu veux voir mon cœur, tu dois aller à Vṛindāvan ». « Je viens seulement de comprendre le sens de ses paroles et ce qu'est la vraie dévotion. »

Le mental des *gōpīs* était toujours fixé sur le Seigneur Kṛiṣhṇa alors même qu'elles remplissaient leurs responsabilités familiales. Quelle que fût leur activité, elles répétaient constamment son nom : en barattant le yaourt, en écrasant des graines ou autre chose. Sur les étiquettes des pots contenant des épices comme les piments et la coriandre, elles écrivaient Kṛiṣhṇa et Gōvinda. Quand elles vendaient leur beurre et leur lait, elles ne demandaient pas : « Voulez-vous du lait ? Voulez-vous du beurre ? » mais : « Voulez-vous Achyuta ? Voulez-vous Kēśhava ? » Si nous avons dans le cœur un amour innocent pour le Seigneur, nous penserons constamment à lui, même au milieu de notre vie affairée dans le monde.

Les *gōpīs* n'avaient pas reçu une éducation poussée, elles ne connaissaient pas les Écritures. Néanmoins, leur innocente dévotion pour Kṛiṣhṇa leur donna ce que les *yōgis* n'avaient pas obtenu après des siècles de *tapas* (austérités). Telle est la grandeur de la dévotion.

La véritable dévotion, c'est l'abandon de soi au Seigneur, en sachant qu'un seul Seigneur se manifeste et brille dans toute la création et dans les différentes manifestations du Divin.

Chérir la pensée du Seigneur Kṛiṣhṇa

Mes enfants, quand nous pensons au Seigneur Kṛiṣhṇa, quelles sont les premières pensées et paroles qui nous viennent à l'esprit ? C'est une question difficile. Chacun donnera une réponse différente car on ne peut pas appréhender le Seigneur au moyen de pensées ou de concepts. Mais une chose est sûre : Son jeu divin n'est que douceur, enchantement et beauté. Le Seigneur aimait les plumes de paon, la flûte et les guirlandes de *tulasī* (basilic). L'attrait de la plume de paon, la douceur de la mélodie émanant de la flûte, la beauté rafraîchissante de la pâte de santal et la pureté du *tulasī*, tout cela ne caractérisait pas seulement la forme de Kṛiṣhṇa, mais aussi son attitude et ses actions.

Les poètes célèbrent les gloires infinies de Kṛiṣhṇa. Il fut un défenseur inégalé du *dharma*, un stratège politique rusé, Il nous enseigna la magnifique *Gītā*, Il fut un adversaire invincible... tout cela est vrai. Mais par-dessus tout, le Seigneur Kṛiṣhṇa fut l'incarnation même de l'Amour. Il répandit son amour sur tous. Non seulement les *gōpīs* et les *gōpas* tombèrent sous le charme de son amour, mais la création entière. En vérité, le Seigneur s'incarne pour le bien des dévots, afin d'éveiller dans les cœurs la dévotion envers Dieu.

On dit que l'amour a trois phases. La première est l'attitude du faisan. Quand il voit la Lune, il oublie tout et reste subjugué ; il boit pour ainsi dire les rayons argentés de la Lune à satiété. Il n'y a pas d'autre pensée dans son mental. De même, un vrai dévot ne pense qu'à Dieu, absorbé dans cette pensée.

La seconde phase est comparable à la souffrance de la séparation que ressent l'oiseau calao. Il a toujours soif d'eau de pluie. Même si sa gorge se dessèche ou s'il est sur le point de mourir de soif, il ne boit pas l'eau des étangs ou des puits. Seule l'eau de pluie peut étancher sa soif. De même, un vrai dévot n'a aucun désir pour les plaisirs du monde ; le désir de connaître Dieu le consume et il ne cesse d'implorer Dieu pour cela. C'est une étape du voyage vers la dévotion parfaite.

La troisième phase de l'amour, illustrée par le papillon de nuit, montre le stade de l'union qui succède à la séparation. En voyant le feu, le papillon de nuit s'y jette avec un enthousiasme aveugle. Il se sacrifie et ne fait plus qu'un avec le Bien-aimé. Il n'y a plus alors deux entités distinctes. Il n'y a plus de « je ». Mais si on compare les *gōpīs* au papillon de nuit, le feu qu'elles recherchaient était le Seigneur dont la nature est l'immortalité. Pensez à Dieu et éveillez ainsi dans votre cœur l'amour ; puis nourrissez cet amour grâce à la séparation (d'avec Dieu) ; enfin, devenez amour en ne faisant plus qu'un avec Dieu.

Le Seigneur ne regarde pas le statut social du dévot ni le prestige dont il jouit, sa caste ou son clan. Il ne voit que la pureté du cœur. C'est pourquoi les *gōpīs* de Vṛindāvan étaient si chères à Kṛiṣhṇa. C'est pourquoi Il refusa la réception royale que lui avait préparée Duryōdhana et préféra dormir dans l'humble demeure de Vidura. C'est pourquoi Il put voir la beauté de Kubjā qui était une femme bossue et laide.

Le Kṛiṣhṇa de Rādhā

Mes enfants, il est difficile de décrire Śhrī Kṛiṣhṇa car Il est au-delà des mots et de l'intelligence. Il est la Vérité devant laquelle la parole et le mental battent en retraite après avoir échoué à les décrire ou à les comprendre. Il est connaissance, béatitude et amour, Il est encore au-delà de tout cela. Śhrī Kṛiṣhṇa était une incarnation divine dont la vie a illuminé les gloires infinies du *Paramātmā* (le Soi suprême) de façon inégalée.

On dit généralement que Dieu s'incarne afin de protéger le *dharma* et d'éliminer l'*adharma*. Mais le but d'une incarnation divine, surtout dans le cas de Kṛiṣhṇa, est encore supérieur : éveiller la dévotion dans le cœur des êtres humains. Un vrai dévot ne désire même pas *mōkṣha* (la libération spirituelle). Il n'y a en son cœur qu'un seul désir : penser au Seigneur et Le servir. Le Seigneur Kṛiṣhṇa éveilla dans le cœur des *gōpīs* cette dévotion-là qui est suprême. La vue de sa forme, ses paroles, ses espiègleries et ses actions les plongeaient dans la béatitude. Il n'existe pas de puissance ni de prouesse supérieure à l'amour.

C'est pourquoi on dit que l'exploit le plus glorieux de Kṛiṣhṇa ne consista pas à soulever la montagne Gōvardhana mais à éveiller cet amour dans le cœur des *gōpīs*.

Les *gōpīs* demandèrent un jour à Rādhā : « Ô Rādhā, le Seigneur que nous aimions, que nous croyions nous appartenir pour toujours, nous a abandonnées, Il a fait de nous des orphelines. Notre existence n'a plus de sens. Pourquoi continuer à vivre ? Pourquoi le Seigneur, l'incarnation même de l'amour, s'est-Il comporté envers nous de façon aussi cruelle ? »

Rādhā répondit : « Ne dites pas cela. Le seul que nous pouvons considérer comme nôtre pour l'éternité est le Seigneur. Mais Il n'appartient pas à nous seules. Il appartient à tous. Il y a en ce monde bien des gens qui se languissent de voir le Seigneur, de connaître Son amour et dont le désir est plus ardent que le nôtre. »

Elle se pencha pour prendre un peu d'eau de la Yamunā et dit : « Regardez, l'eau reste dans mes mains tant qu'elles forment une coupe. Mais si je ferme les doigts pour m'approprier l'eau, je perds l'eau que j'avais. Nous avons tenté de nous approprier le Seigneur et de l'emprisonner à Vṛindāvan. Il est parti bien loin pour nous permettre de comprendre qu'Il demeure dans le cœur de chaque être. Mais bien qu'Il nous ait quittées, Il n'a jamais fait de nous des orphelines. Chacun de ses actes était un jeu divin qui est devenu en nous un souvenir vivant. Tant que ces souvenirs vivent en nous, le Seigneur sera avec nous. Il dansera éternellement près de la rivière d'amour dans la tonnelle de notre cœur. »

Grâce à leur innocente dévotion, les *gōpīs* accédèrent rapidement au Soi suprême alors que les sages d'antan n'y avaient accédé qu'après avoir accompli des austérités pendant des siècles.

Kṛiṣhṇa est venu au monde avec le sourire. Il quitta le monde avec le sourire. Nous, par contre, nous venons au monde en pleurant. Alors au moins quand nous le quittons, faisons-le avec le sourire. Puisse le sourire constant de Kṛiṣhṇa être notre source d'inspiration. Puisse l'amour pour Kṛiṣhṇa se répandre dans le cœur de mes enfants comme un clair de lune radieux. Puisse le bébé Kṛiṣhṇa gambader éternellement dans notre cœur.

La dévotion des Gōpīs

Mes enfants, un bon nombre de maîtres spirituels disent qu'outre les quatre buts reconnus de la vie humaine : *dharma*, *artha* (les richesses), *kāma* (le désir) et *mōkṣha*, il en existe un cinquième : *bhakti* (la dévotion).

Un vrai dévot ne désire même pas *mōkṣha*. Il n'a qu'un seul but : penser à Dieu et Le servir constamment. Il ne souhaite rien d'autre. En ce qui le concerne, la dévotion (*bhakti*) n'a pas d'autre but qu'elle-même. Quand la dévotion se suffit à elle-même, l'individu cesse d'exister et son abandon de lui-même à Dieu devient total. Mais le désir de savourer la dévotion pour Dieu demeure en son cœur. Il goûte ainsi constamment la béatitude de la dévotion et devient la personnification même de la béatitude.

Uddhava demanda un jour à Kṛiṣhṇa : « J'ai entendu dire que parmi tous Tes dévots, ce sont les *gōpīs* que Tu chéris le plus. Il y en a bien d'autres dont les yeux se remplissent de larmes à la seule mention de Ton nom. Eux aussi s'absorbent dans un état de méditation dès qu'ils entendent la mélodie de Ta flûte. Et ils oublient tout ce qui les entoure dès qu'ils aperçoivent Ta forme magnifique au teint bleuté, même de loin. Que possèdent donc les *gōpīs* de si spécial que les autres dévots n'ont pas ? »

Le Seigneur sourit en entendant la question et dit : « Tous mes dévots sont chers à mon cœur. Mais les *gōpīs* ont quelque chose de spécial. Les yeux de mes dévots se gonflent de larmes en entendant mon nom. Mais pour les *gōpīs*, tous les noms qu'elles entendent sont le mien. Pour elles, tous les sons sont de la musique qui émane de ma flûte. À leurs yeux, toutes les couleurs sont bleues. Les *gōpīs* ont ainsi la capacité de voir l'unité dans la diversité. C'est pourquoi elles sont si chères à mon cœur. »

Quand une femme qui aime son mari autant que sa propre vie prend un stylo pour lui écrire une lettre, elle pense à lui. Quand elle prend la feuille de papier, c'est vers lui seul que vont ses pensées. Ainsi, quand un vrai dévot prépare sa *pūjā* (rituel d'adoration), qu'il prend les plateaux, les bâtons d'encens, le camphre et les fleurs, son mental est fixé sur Dieu. Le dévot qui atteint le sommet de la dévotion voit le Créateur dans toute la création. C'est pourquoi les *gōpīs* ne percevaient rien comme séparé du Seigneur.

Puisse le souvenir de Kṛiṣhṇa et des *gōpīs* de Vṛindāvan qui, oubliant tout, dansaient dans la béatitude et dont la vie était une fête, remplir nos cœurs de dévotion, de joie et de béatitude.

Le Serviteur des dévots

Mes enfants, le but de toute incarnation divine est d'éveiller la dévotion dans le cœur des gens et de purifier ainsi leur mental. Tel était aussi le but du Seigneur Kṛiṣhṇa en jouant la pièce enchanteresse et divine que fut Sa vie.

C'était la fête d'Ōṇam[8] ; les *gōpīs* s'amusaient sur la balançoire avec le Seigneur Kṛiṣhṇa. Au bout d'un moment, le Seigneur dit : « Profitons maintenant du repas de la fête d'Ōṇam. Rentrez chez vous et apportez la nourriture sur la rive de la Yamunā. »

Alors toutes les *gōpīs* coururent chez elles et apportèrent leurs différents plats au bord de la rivière. Rādhā aussi se dépêchait ; elle portait ses récipients de nourriture et se dirigeait vers la Yamunā. C'est alors qu'elle entendit quelqu'un pleurer. C'était une petite fille qui sanglotait dans une hutte. Elle demandait à sa mère : « Pourquoi mangeons-nous du *kañji* (gruau de riz) même le jour d'Ōṇam ? Je ne veux pas de *kañji*. Je veux du riz ! ».

---

[8] La plus grande fête du Kerala, c'est pratiquement sa fête nationale. Elle a lieu au mois de *Chingam* (août – septembre).

La mère répondit, désemparée : « Ma chérie, ne sois pas difficile. Je t'en prie, mange le *kañji*. Ton père est paralysé. Je dois prendre soin de lui et m'occuper de toi aussi. J'ai mendié chez tous les voisins pour avoir un peu de riz, mais je n'ai rien obtenu. Demain, je ferai cuire un peu de riz pour toi, ma chérie. »

« Mais tu m'as déjà dit ça hier », et la petite fille se mit à sangloter.

Rādhā avait tout entendu et son cœur fut submergé par la compassion. Sans faire de bruit, elle ouvrit la porte de la cuisine et y déposa silencieusement la nourriture qu'elle portait. Puis elle ôta ses bijoux en or et les posa près de la nourriture. Puis Rādhā prit le pot contenant le *kañji* et s'en alla vers la rive de la Yamunā.

Le temps que Rādhā arrive, toutes les autres *gōpīs* étaient déjà assises autour du Seigneur Kṛiṣhṇa. Elles attendaient, le cœur battant, de voir quel plat le Seigneur allait choisir et qui l'aurait cuisiné. Le Seigneur feignit soudain une grande fatigue. Il dit : « Je me sens tout fiévreux. J'aimerais un peu de *kañji*. Il y a un récipient à côté de Rādhā. Allez voir ce qu'il y a dans ce pot. » Quand Il apprit que le pot contenait du *kañji*, le Seigneur en but avidement. Tout le monde regarda cela avec stupéfaction. Kṛiṣhṇa regarda Rādhā et lui sourit avec une grande douceur. Rādhā se mit à pleurer.

Toutes les autres *gōpīs* avaient emprunté le même chemin que Rādhā mais seule Rādhā avait entendu les sanglots de la petite fille. La compassion de Rādhā émut le Seigneur. Il est facile d'aimer le Seigneur mais un vrai dévot est celui qui aide tous les êtres en voyant le Seigneur en eux. Le Seigneur est prêt à se faire le serviteur d'un tel dévot. S'il Lui offre une petite feuille, Il l'acceptera comme si c'était du nectar.

L'anniversaire de Śhrī Kṛiṣhṇa

Mes enfants, dans le monde entier on célèbre avec beaucoup de joie *Aṣhṭami-rōhiṇī* (l'anniversaire du Seigneur Kṛiṣhṇa). En contemplant la vie du Seigneur, des gens de tous les milieux peuvent apprendre et assimiler de nombreuses leçons.

Aṣhṭami-rōhiṇī, c'est le jour où le Seigneur Kṛiṣhṇa naquit sur cette terre pendant le *Dwāpara Yuga* (l'âge d'argent). Ses parents s'appelaient Vasudēva et Dēvakī. Cela dit, le Seigneur qui ne connaît ni naissance ni mort, continue à vivre en tant que pure Conscience omniprésente. Il doit naître dans notre cœur et il nous faut Le porter dans notre matrice d'amour.

Le Seigneur naquit avec le sourire, vécut avec le sourire et quitta son corps avec le sourire. Le message qu'Il nous donne grâce à *aṣhṭami-rōhiṇī*, son anniversaire, c'est de vivre dans la béatitude, de rire. Nous oublions de sourire ou d'être heureux tandis que nous portons les petits fardeaux que nous présente la vie. Essayez de plaisanter avec un homme qui porte sur la tête une lourde charge. Il ne pourra pas sourire à cause de son fardeau. Mais voyez le Seigneur Kṛiṣhṇa. Il avait des responsabilités aussi lourdes que l'Himalaya et pourtant, Il n'a jamais oublié de sourire. C'était un *mahātmā* (un être éveillé) actif dans de nombreux domaines où Il a manifesté la plus grande habileté. Il considérait que chacun des devoirs qui lui étaient attribués possédait une importance égale et Il les a accomplis à la perfection.

Kṛiṣhṇa connut la défaite à la guerre et Il accepta cette défaite sans hésiter, avec le sourire. La plupart des gens n'assument pas la responsabilité de leurs échecs et s'efforcent au contraire de blâmer les autres. Si, par contre, ils réussissent, ils s'attribuent tout le mérite du succès. Mais le Seigneur Kṛiṣhṇa ne se comportait pas ainsi. Il fut assez hardi pour assumer la responsabilité de la défaite. Personne d'autre n'a donné un tel exemple.

Quand on refuse d'accepter autre chose que le succès dans la vie, on commet une erreur. Nous devons aussi être capables d'accueillir les échecs. La valeur de notre vie ne se mesure pas au bilan de nos succès et de nos échecs. Ce qui compte, c'est notre capacité à accepter les deux. C'est ce que nous enseigne la vie du Seigneur.

S'ils obtiennent le moindre pouvoir, la plupart des gens oublient qu'ils sont mortels ; le pouvoir leur monte à la tête. Mais le Seigneur, bien qu'Il fût omnipotent, ne tira jamais orgueil de sa puissance. Quand la situation exigeait qu'Il se comporte comme un être ordinaire, Il fit semblant d'être un homme ordinaire. Il avait la patience de la Terre. Mais quand il n'y eut pas d'autre option, Il enseigna une bonne leçon à des êtres hyper orgueilleux comme Kamsa.

Kṛiṣhṇa ne cessa jamais d'agir et d'enfiler joyeusement les costumes des différents rôles que la vie exigeait qu'Il joue. Il les joua tous à la perfection. Entre autres costumes, Il revêtit ceux d'un roi, d'un sujet, d'un père, d'un fils, d'un frère, d'un camarade de classe, d'un guerrier, d'un messager, du Seigneur des *gōpīs*, d'un conducteur de char, du Bien-aimé de ses dévots et bien d'autres encore. Il ne fit jamais les choses à moitié. Il n'ôtait jamais un costume avant d'avoir fini de jouer le rôle.

La vie de Kṛiṣhṇa fut comme une brise rafraîchissante qui caressait doucement tout être et toute chose. Il fit le voyage de la vie avec la même facilité que s'Il était passé d'une pièce à l'autre. Il donna sans compter du bonheur à tous ceux qui entrèrent en contact avec lui. Il ne quitta son enveloppe mortelle qu'après avoir béni même le chasseur dont la flèche l'avait blessé au pied, causant sa mort.

Puisse le souvenir de cette âme bénie, de la béatitude dans laquelle Il passa sa vie et de son habileté dans l'action rayonner dans le cœur de tous. Puissions-nous tous acquérir la force et le courage de marcher sur ses traces sacrées.

49. La Bhagavad-Gītā

Mes enfants, dans les temps très anciens, de nombreux *yajñas* (rituels sacrificiels) avaient été célébrés à Kurukṣhētra, là où se déroula la guerre du Mahābhārat. Dans le *Mahābhārata*, la guerre de Kurukṣhētra est décrite en de nombreux passages comme un *yajña*. Kurukṣhētra est la terre du *dharma* (la loi cosmique) et de *puṇya* (les actions méritoires). Le *dharma* (devoir) d'un *kṣhatriya* (d'un guerrier) est de faire la guerre. Kurukṣhētra est aussi appelé Dharmakṣhētra (le champ du *dharma*).

C'est une guerre conforme au *dharma* qui était censée être menée là, mais les Kauravas et les Pāṇḍavas n'adhérèrent aux conventions de la guerre que pendant trois jours. De nombreuses atrocités furent ensuite commises des deux côtés. Quand le mépris mutuel augmente, la plupart des gens nourrissent le désir de blesser et de tuer l'ennemi. Cette attitude culmine dans la guerre. À la fin de la guerre du *Mahābhārata*, une nuit, beaucoup de gens moururent brûlés pendant leur sommeil. C'était enfreindre la loi qui veut qu'on ne tue pas une personne désarmée. Telle est la nature de la guerre : une fois qu'elle a commencé, les gens perdent tout sens de ce qui est correct et violent toutes les conventions. Mes enfants, la guerre n'est jamais une réponse à un problème, quel qu'il soit. La guerre et le *dharma* ne peuvent pas coexister. Beaucoup des combattants de la guerre de Kurukṣhētra abandonnèrent le *dharma* au cours de la bataille.

C'est grâce aux yeux de Sañjaya que Dhṛitarāṣhṭra, le roi aveugle, put suivre tout le déroulement de la guerre du

Mahābhārata. Grâce au pouvoir de clairvoyance que le sage Vyāsa avait accordé à Sañjaya, celui-ci put raconter à Dhṛitarāṣhṭra tous les événements de la guerre qui se déroulait à Kurukṣhētra, pourtant bien éloigné. Au début de la guerre, à la demande d'Arjuna, le Seigneur Kṛiṣhṇa conduisit le char au milieu du champ de bataille où les forces ennemies étaient déployées face à face. En voyant les guerriers qui se trouvaient de chaque côté, Arjuna sombra dans un état mental pathétique. Des deux côtés, il ne vit que des gens de sa famille et des maîtres qu'il respectait et il fut envahi par la tristesse. Il songea : « Je dois essayer de tuer Bhīṣhma, mon ancêtre vénérable et Drōṇa, mon maître révéré. Si je les tue tous, qui restera en vie parmi les membres de ma famille ? Je ne désire ni la victoire ni la royaume au prix de leur vie. » Submergé de tristesse, Arjuna laissa tomber son arc et ses flèches et s'effondra dans le char.

Kṛiṣhṇa rappela à Arjuna quels sont les devoirs d'un *kṣhatriya*. Il ne se contenta pas de traiter les symptômes de la dépression d'Arjuna ; Il travailla directement sur son mental. Quand Il vit chez Arjuna les symptômes de la dépression, le Seigneur Kṛiṣhṇa nourrit son mental avec le nectar de la *Gītā* (ses conseils divins) et le guérit ainsi de la maladie.

Mes enfants, il ne faut pas lire la *Gītā* seulement avec la tête, mais aussi avec le cœur. La *Gītā* insuffla à Arjuna, qui avait même envisagé le suicide, le courage d'agir avec vaillance. La *Gītā* est le guide idéal pour ceux qui pensent à se suicider quand les problèmes qu'ils rencontrent dans la vie leur semblent insupportables. Beaucoup de dévots occidentaux d'Amma abordent la *Gītā* avec respect et un intellect qui cherche des réponses à leurs questions. Ils trouvent dans les pages de la *Gītā* des réponses adéquates aux problèmes qui les assaillent. Suivons nous aussi cette voie.

Quand le Seigneur Kṛiṣhṇa positionna le char entre les deux armées, ce n'était pas seulement pour Arjuna. Parmi ses adversaires se trouvaient des ennemis magnifiques et formidables comme Bhīṣhma, Karṇa et Drōṇa. Le Seigneur arrêta le char juste devant eux. Un des sens du mot « Kṛiṣhṇa » est « Celui qui attire ». Le Seigneur Kṛiṣhṇa, le Soi suprême, est « Celui qui attire à lui tous les êtres de l'univers ». Le Seigneur aspira pour ainsi dire en lui la virtuosité et les prouesses guerrières de fidèles tels que Bhīṣhma. Quand Bhīṣhma se retrouva face à face avec le Seigneur, il joignit les mains en adoration. C'est pour aider Arjuna que Kṛiṣhṇa attira à lui l'énergie et la puissance de ces grands guerriers. C'est pour cette raison aussi que Kṛiṣhṇa arrêta le char au milieu du champ de bataille. En voyant la détresse de son dévot, le Seigneur le consola et réduisit à néant la virtuosité et la vaillance de ses ennemis. Mes enfants, rappelez-vous que le Seigneur agira ainsi pour protéger le vrai dévot qui a pris refuge en Lui. Priez le Seigneur qu'Il vous accorde de vous abandonner totalement à lui.

Le message de la Gītā

Mes enfants, la *Bhagavad-Gītā* est l'essence de tous les *Vēdas* qui sont aussi profonds et vastes que l'océan. Seulement, on ne peut pas boire l'eau de mer ni l'utiliser chez soi pour quelque autre usage. Mais quand l'eau de l'océan s'évapore à la chaleur du soleil, se condense sous la forme de nuages, tombe sous la forme de la pluie et coule dans les rivières, elle peut étancher la soif de tout le monde et être employée aussi à bien d'autres usages. Ainsi, la *Bhagavad-Gītā* est le Gange spirituel qui vient à nous par la grâce divine, ayant pour origine l'océan des *Vēdas*.

Le message de la *Gītā* s'adresse à l'humanité tout entière. Il rassemble les voies de la dévotion, de la connaissance et de l'action, ainsi que d'autres principes spirituels. Le Seigneur Kṛiṣhṇa est venu afin de montrer à des gens de tempéraments différents comment atteindre le Suprême. Si un restaurant ne sert qu'un seul plat, seuls ceux qui aiment ce plat particulier viendront s'y restaurer. Tandis que s'il propose une variété de mets, des gens aux goûts différents y seront attirés. Des vêtements à taille unique ne vont pas à tout le monde, tandis que des vêtements de tailles différentes conviendront à des gens de tout gabarit. Ainsi, la *Gītā* indique à des gens de tous horizons les moyens d'atteindre l'éveil spirituel. Les paroles du Seigneur guident doucement chacun à partir du niveau de conscience où il se trouve et lui permettent de progresser.

Certains accusent la *Gītā* de promouvoir la guerre. Mais la vérité, c'est qu'elle montre à la fois aux individus et à la société le chemin de la paix. Ce que le Seigneur nous enseigne à travers la *Gītā* c'est comment, quand il n'y a pas d'autre alternative, même la guerre peut devenir une *sādhana* (pratique spirituelle). Quand Dakṣha[9] effectua un rituel d'adoration (*yajña*), à cause de son arrogance, le *yajña* se transforma en guerre (*yuddha*). Mais Arjuna agissait en suivant les conseils du Seigneur et ainsi, il put transformer une guerre (*yuddha*) en rituel d'adoration (*yajña*) parce qu'il s'abandonna à la volonté du Seigneur. Un des messages les plus importants de la *Gītā*, c'est le secret qui permet de transformer *karma* (l'action) en *karma-yōga*, ce qui fait de l'action un moyen de réaliser Dieu.

L'esprit sectaire, l'étroitesse d'esprit, sont complètement absents de la *Gītā*. Elle ne nous demande pas de vénérer un Dieu assis là-haut dans les cieux sur un trône doré. Elle ne nous demande pas non plus de chercher à obtenir une place au Ciel après la mort. La *Gītā* nous indique comment nous pouvons

[9] Fils né du mental de Brahma, le Créateur, et beau-père du Seigneur Śhiva. Par mépris pour le Seigneur Śhiva, Dakṣha refusa de l'inviter, lui et son épouse Satī (fille de Dakṣha), au *yajña* qu'il organisait. Cela se termina par une guerre.

atteindre la paix suprême, ici et maintenant. Elle nous exhorte à réaliser la vérité suprême qui est inhérente à notre propre Soi.

Bien qu'il soit bref, le message de la *Gītā* est aussi vaste et profond que l'océan. La *Gītā* est le symbole même du *Sanātana Dharma.*[10] Elle est l'élixir que le Seigneur a fait couler sur nous après avoir baratté l'océan de lait que sont les *Vēdas*. La *Bhagavad-Gītā* est une manifestation de la présence durable du Seigneur parmi nous et continuera à bénir le monde à jamais.

[10] Mot à mot « la Loi éternelle » le nom d'origine de l'Hindouisme.

50. La non-violence

Mes enfants, la non-violence est le *dharma* (devoir) suprême. Que l'on mène une vie spirituelle ou que l'on vive dans le monde, il faut s'efforcer de ne blesser aucun être vivant. Les vagues de douleur qui s'élèvent de la plus petite créature créent des vibrations dans l'atmosphère et celles-ci affectent la personne qui a blessé la créature. Donc, ne blessez aucune créature, ni en pensée ni en parole ni en action.

Cela dit, il faut tout d'abord comprendre correctement ce que sont en réalité la violence et la non-violence. La violence consiste à blesser autrui par manque de discernement, par des actions égoïstes. Mais un acte qui est fait dans l'intention d'aider autrui ne peut pas être qualifié de violence.

Ce qui détermine si une action est violente ou non, c'est l'intention qui préside à l'action. Amma peut donner un exemple. Une femme donna beaucoup de travail à sa servante qui était une jeune fille. Celle-ci eut beau faire tout son possible, elle ne réussit pas à terminer à temps les tâches qu'on lui avait données. La maîtresse de maison la gronda et la fit pleurer. Cette femme donna aussi une gifle à sa fille qui, au lieu de faire ses devoirs, s'était mise à jouer. La fille s'assit dans un coin de la pièce et se mit à pleurer.

Les deux enfants pleuraient. Mais on ne peut pas considérer la gifle donnée par la mère à sa fille comme de la violence, car elle l'a giflée dans une bonne intention : elle voulait que sa fille ait un brillant avenir. Ce n'est donc pas de la violence, cela reflète plutôt son amour pour l'enfant. Cela dit, bien que la femme n'ait pas giflé sa servante, son comportement envers la jeune fille fut dur et violent. Une mère traiterait-elle son enfant ainsi ? Il faut dans ce cas examiner dans quelle intention ces deux traitements, différents, ont été infligés aux deux enfants.

Pour planter un jeune arbre fruitier, il faut parfois déraciner de petites plantes qui poussent tout autour de l'endroit. Mais quand l'arbuste devient un arbre, il est bénéfique à la communauté ! Et de plus, beaucoup de petites plantes peuvent croître à son ombre. Si on voit les choses de ce point de vue, le fait de déraciner de petites plantes ne fut pas une perte et ne peut pas être considéré comme de la violence.

Même le mal infligé à quelques individus dans le but désintéressé de sauvegarder le bien-être de la société ne peut pas être qualifié de violence. C'est pourquoi la guerre du *Mahābhārata* est considérée comme une guerre juste. Certains demandent si le Seigneur ne s'est pas fait l'avocat de la violence en pressant Arjuna de combattre. Le Seigneur n'a jamais souhaité la guerre. Il a toujours pratiqué la patience. Il a pardonné bien des fois. Il a imploré Duryōdhana de donner au moins une hutte aux Pāṇḍavas. Mais Duryōdhana déclara dans son obstination qu'il ne leur donnerait même pas un cheveu de terre. Si la patience d'un homme fort rend une personne assez hardie pour se montrer cruelle ou faire le mal, cette patience-là est la pire des violences. Nous ne devrions cependant pas nourrir d'inimitié ou de jalousie envers qui que ce soit. Désapprouvons les mauvaises actions mais n'ayons pas de colère envers ceux qui font le mal.

Certains se demandent peut-être s'il est possible de devenir totalement non-violent. Même si nous ne pouvons pas accéder à un tel niveau, ayons toujours la non-violence pour but et efforçons-nous constamment d'aimer et de servir autrui.

51. Une vie juste et la spiritualité

Mes enfants, certains disent : « Nous menons une vie juste. Nous ne trahissons personne et ne faisons de mal à personne. Nous sommes des gens honnêtes. Nous vivons heureux, satisfaits de ce que nous avons. Nous n'éprouvons pas le besoin de nous tourner vers la spiritualité ni de croire en Dieu. »

Certes, il est important de mener une vie juste. L'éthique est bénéfique à la fois pour l'individu et pour la société. Mais quand on doit faire face aux difficultés de la vie, cela n'est peut-être pas suffisant. Si nos actions ne sont pas ancrées dans le discernement et la sagesse, nous risquons de perdre notre équilibre mental si nous sommes confrontés au moindre échec, à la moindre souffrance. Si tel est le cas, comment pourrons-nous supporter des revers importants ?

Beaucoup d'entre nous font le bien en ayant des attentes. Malgré nos bonnes actions, on se retrouve alors face à la déception. Ceux que nous aimons sincèrement ne nous aiment peut-être pas en retour. Quand ils ne reçoivent pas l'amour qu'ils attendaient, certains sombrent dans la désillusion. Ils se tournent vers les drogues et développent une addiction. Ainsi, quelqu'un que nous avons beaucoup aidé peut très bien nous trahir. Une grande tristesse ou une terrible colère peut alors s'emparer de nous et le désir de vengeance peut nous obséder. La cause de tout cela, ce sont nos attentes. Dans de telles situations, la connaissance de la spiritualité nous permet de garder notre équilibre mental.

La spiritualité est la façon de gérer la vie. Elle nous enseigne comment vivre en ce monde et comment surmonter les difficultés.

Si nous comprenons le monde et sa nature, nous pourrons affronter et surmonter n'importe quel obstacle avec bravoure.

Supposons que nous allions voir un vieil ami pour lui emprunter de l'argent. Il se peut qu'il nous prête l'argent ou non. Il pourrait même dire : « Je pensais justement moi aussi à emprunter de l'argent ». Si nous gardons à l'esprit ces différentes possibilités, nous ne serons pas tristes s'il ne nous prête rien.

Un navire qui vogue sur l'océan est entouré d'eau. Tant que l'eau ne rentre pas dans le bateau, il ne risque rien. Mais si un petit trou apparaît dans la coque, l'eau entrera et le navire sombrera. Ainsi, si nous permettons aux événements du monde extérieur, qu'ils soient bons ou mauvais, d'influencer notre mental, il sera perturbé et deviendra esclave du chagrin et de la déception. Mais si nous abandonnons le mental à Dieu, il restera toujours calme.

Si par exemple un de nos amis proches meurt dans un accident ou se retrouve gravement malade, comment pouvons-nous, dans cette situation, rester serein ? C'est la connaissance des principes de la spiritualité qui nous aidera à garder notre équilibre intérieur.

Lors du tremblement de terre qui frappa le Gujarat en 2001, des dizaines de milliers de personnes perdirent tout ce qu'elles avaient. Un bon nombre d'entre elles sont venues voir Amma. Elles n'étaient pas dans une profonde détresse. Quand Amma leur a demandé si elles étaient tristes, elles ont répondu : « Dieu a repris ce qu'Il nous avait donné. » Ces gens avaient tout perdu mais ils ont été capables de surmonter leurs pertes. Ce qui leur a permis de le faire, c'est de voir les choses du point de vue de la spiritualité.

Tous les objets de ce monde sont périssables. Nous pouvons les perdre à tout moment. Sachant cela, prenons refuge en Dieu, l'Impérissable. Si notre vie est ancrée dans la foi, nous survivrons à la tempête la plus violente.

52. L'essence des religions

Mes enfants, les religions nous enseignent que Dieu demeure dans le cœur, que l'être humain et Dieu ont en essence la même nature et que Dieu a créé l'être humain à son image. Beaucoup s'étonneront alors, si tel est le cas, que nous soyons incapables de savourer la béatitude de Sa présence. Il est vrai que notre nature réelle est divine, mais Dieu nous demeure caché à cause de notre ignorance et de notre ego. Voilà pourquoi nous connaissons le chagrin et la souffrance.

En réalité, toutes les religions nous indiquent des chemins par lesquels l'être humain peut connaître sa nature innée, qui est béatitude. Cependant, nous ne parvenons pas à saisir la véritable essence des religions et nous restons ainsi prisonniers des rituels et des coutumes extérieurs. Si on met du miel dans des pots différents, n'est-il pas ridicule d'accorder toute son attention à la couleur et à la forme du pot sans jamais goûter la douceur du miel ? C'est ce que nous faisons actuellement. Au lieu d'assimiler les principes préconisés par les religions, nous restons prisonniers de leurs aspects superficiels.

Amma se rappelle une histoire. Un homme décida de célébrer son cinquantième anniversaire en grande pompe. Il fit imprimer des invitations sur du papier de luxe. Il rénova sa maison et la décora, il acheta un lustre neuf qu'il accrocha au milieu du salon. Il s'acheta des vêtements coûteux, une bague en diamant et une chaîne en or pour les porter le jour de son anniversaire.

Il engagea aussi le chef cuisinier le plus célèbre de la ville pour qu'il cuisine un festin.

Le jour de l'anniversaire arriva enfin. Il enfila ses vêtements de marque, mit sa bague de diamants et sa chaîne en or et alla dans la salle pour recevoir les invités. Le festin était prêt, des serveurs en uniforme étaient là pour assurer le service. Mais quand le soir tomba, personne n'était venu. L'homme s'inquiéta. Soudain, il remarqua la pile d'invitations posée sur la table. Dans sa précipitation, pris par la rénovation de la maison, il avait complètement oublié de poster les invitations. Ainsi, beaucoup d'entre nous se laissent prendre par les occupations triviales de la vie quotidienne et oublient le but principal de la vie. Voilà pourquoi nous sommes incapables de goûter une paix et un bonheur réels.

Ceux qui se plongent totalement dans la pompe extérieure et les rituels de la religion trouveront difficile d'assimiler l'essence de la religion et de faire l'expérience de la présence de Dieu. Le jardinier qui tond la pelouse ne voit que de l'herbe, mais un homme qui connaît les plantes médicinales remarque celles qui ont poussé au milieu de l'herbe. Ainsi, apprenons à assimiler les principes cardinaux de la religion sans accorder trop d'importance à des choses qui ne sont pas essentielles.

Mes enfants, efforçons-nous de comprendre l'essence de la religion et les principes spirituels sous-jacents aux rituels et aux fêtes. Efforçons-nous de les mettre en pratique dans notre vie quotidienne. C'est seulement ainsi que nous pourrons faire l'expérience de la présence de Dieu à l'intérieur de nous.

53. L'attitude juste

Mes enfants, beaucoup de gens sont déprimés parce qu'ils ont des problèmes au travail ou d'autres difficultés. La cause principale de leur tristesse est leur attitude, leur vision défectueuse de la vie. Si quelqu'un peut leur donner les bons conseils et les inspirer, leur vie peut sans aucun doute s'améliorer. Grâce à cette transformation positive, ceux qui étaient un fardeau pour eux-mêmes deviendront des atouts pour la société.

Un étudiant avait l'intense désir de devenir médecin. Mais il échoua d'un point au concours d'entrée à la faculté de médecine. Il fut cruellement déçu. Il n'avait pas envie de s'inscrire à un autre cursus. Au bout de quelque temps, sous la pression de sa famille, il posa sa candidature pour un emploi dans une banque et il fut embauché. Mais malgré son travail à la banque, il était hanté par la déception : il n'avait pas réussi à devenir médecin. Il était incapable de parler poliment aux clients ou même de leur sourire. Un ami, en voyant son état intérieur, l'emmena voir son guru. L'employé de banque s'ouvrit au guru et lui confia ses problèmes : « Je ne maîtrise pas mon mental. Je me mets en colère pour des choses triviales. Je n'arrive pas à me comporter envers les clients de la banque comme l'exige ma profession. Si je continue à me comporter ainsi, je ne pense pas pouvoir garder cet emploi beaucoup plus longtemps. Que dois-je faire ? »

Le guru consola le jeune homme et lui dit : « Imagine que ton meilleur ami t'envoie un client. Comment le recevrais-tu ? »

« Je m'occuperais avec joie de ses besoins. »

« Bien. Si tel est le cas, considère que chaque client qui arrive dans ton bureau t'a personnellement été envoyé par Dieu. Alors tu seras capable de le traiter avec bonté. »

À partir de ce jour-là, il se produisit chez le jeune homme une grande transformation intérieure qui se refléta dans ses pensées et dans ses actions. Il parvint à considérer toute personne qui l'abordait comme un émissaire de Dieu et toutes ses actions se transformèrent en actes d'adoration. Il fut libéré de sa dépression. Son mental était rempli de joie et de contentement et il répandait aussi le bonheur tout autour de lui.

Quand il s'agit de cultiver l'attitude juste face à la vie, la dévotion est une aide immense. Le centre de la vie d'un croyant, c'est Dieu. Pour lui, Dieu est tout être et toute chose. Toutes ses actions sont des offrandes à Dieu. Si nous sommes capables de faire toute action comme un acte d'adoration, nous ne serons pas les seuls à en bénéficier. L'ensemble de la société aussi en bénéficiera.

54. L'Éternel et l'éphémère

Mes enfants, rien de ce que nous voyons en ce monde n'est éternel. Nous ne conserverons pas éternellement la propriété, la fortune, les membres de notre famille et les amis que nous considérons comme nôtres. Cela ne signifie pas qu'il ne faut aimer personne. Aimons tout le monde, mais que notre amour soit désintéressé. C'est ainsi seulement que nous serons libres de la souffrance.

Un homme avait quatre épouses. Parmi les quatre, la quatrième était sa favorite. Il faisait tout son possible pour lui procurer tous les agréments de la vie, pour qu'elle mène une vie saine et conserve sa beauté. Il aimait aussi sa troisième épouse et il était fier de son habileté extraordinaire à atteindre ses objectifs. Quant à sa seconde épouse, certes, il ne l'aimait pas autant, mais c'était à elle seule qu'il ouvrait son cœur et se confiait. Il négligeait totalement la première épouse ; il ne lui jetait même pas un regard.

On lui découvrit un jour une maladie mortelle en phase terminale. Le médecin lui dit : « La médecine ne peut rien pour vous. Il ne vous reste plus que quelques jours à vivre. »

Quand il entendit ce diagnostic, l'homme fut pris de panique. Une fois rentré chez lui, il interrogea sa quatrième épouse : « Je t'ai aimée plus que toute autre. Les médecins disent que je vais mourir dans quelques jours. Me suivras-tu par-delà la mort ? »

« Non ».

Sa réponse le blessa profondément. Il demanda à sa troisième épouse : « Viendras-tu avec moi après ma mort ? »

« Non, ce n'est pas possible. Je veux continuer à vivre dans ce monde. Après ta mort, j'épouserai quelqu'un d'autre. »

L'homme fut triste d'entendre sa réponse. Il demanda à sa seconde épouse : « Dans la joie comme dans la peine, je n'ai ouvert mon cœur qu'à toi. Me suivras-tu quand je mourrai ? »

« Je t'accompagnerai jusqu'au cimetière, mais pas plus loin. »

Ces paroles ne firent que redoubler sa souffrance. Il était là, plongé dans un abîme de tristesse, quand sa première épouse vient le consoler : « Ne t'inquiète pas. Je serai toujours avec toi. N'en doute jamais. »

Alors l'homme eut des remords de l'avoir négligée.

Dans cette histoire, la quatrième épouse représente notre corps, qui ne reste avec nous que jusqu'à la mort. La troisième épouse représente notre situation sociale, notre pouvoir et notre richesse. Une fois que nous serons mort, ils seront attribués à quelqu'un d'autre. La seconde épouse, ce sont nos amis qui ne nous accompagneront que jusqu'au cimetière. La première épouse est notre Soi qui nous accompagne dans la vie comme dans la mort. Mais nous ne pensons jamais au Soi bien que ce soit lui qui mérite que nous lui accordions le plus d'attention.

Cela ne veut pas dire qu'il est inutile d'être propriétaire ou d'avoir des richesses. Mais il suffit d'avoir de quoi vivre. Vivons avec la compréhension que le Soi est la source de la paix éternelle ; c'est ainsi que nous serons libérés de la souffrance.

55. Le prārabdha

Mes enfants, beaucoup de gens demandent : « Je n'ai pas consciemment fait de mal dans cette vie. Alors pourquoi dois-je souffrir autant ? »

La seule réponse possible, c'est qu'ils souffrent à cause des mauvaises actions qu'ils ont commises dans des vies antérieures.

Les conséquences des actions faites dans des vies passées et que nous recueillons dans cette vie s'appellent le *prārabdha*. Certaines conséquences (*prārabdha*) nous apportent des expériences douloureuses, d'autres des expériences heureuses.

Il existe trois sortes de *prārabdha*. La première peut être totalement effacée. On peut la comparer à une maladie dont on peut guérir en prenant des médicaments. La seconde sorte de *prārabdha* est plus grave, comme une maladie qui requiert une intervention chirurgicale. Elle peut être atténuée grâce à des actes de charité, à de bonnes actions et à l'adoration de Dieu. La troisième sorte de *prārabdha* est encore plus critique. Il faut la vivre, traverser cette expérience ; il n'y a pas d'autre moyen. Elle est comparable à une rechute après une opération chirurgicale.

N'abandonnons jamais la foi et l'optimisme. Certaines actions donnent des résultats immédiats tandis que d'autres donnent des résultats plus tard. Des efforts sincères finiront tôt ou tard par donner de bons résultats. Ne soyons pas déprimés en pensant que nous avons péché dans le passé. Le passé est un chèque annulé. Il ne peut pas revenir, nous ne pouvons pas changer ce que nous avons fait dans le passé. Demain ne sera jamais aujourd'hui.

Nous ne disposons que du moment présent. Il s'agit d'en faire bon usage. Faisons de bonnes actions en pensant au Divin et offrons-lui nos actions. Cela revient à verser constamment de l'eau fraîche dans de l'eau salée pour réduire son degré de salinité. Nous pourrons ainsi réduire l'intensité des expériences douloureuses et aller de l'avant dans la vie.

Un voyageur qui traversait une forêt fut un jour accosté par des voleurs. Après avoir dérobé son argent, les voleurs lui lièrent les pieds et les mains avec une corde et le jetèrent dans un puits sec, désaffecté. Le voyageur impuissant se mit à crier : « À l'aide ! À l'aide ! ». En entendant ses cris, un autre voyageur alla jusqu'au puits. Il lança une corde dans le puits et aida l'homme à en sortir.

L'homme avait été lié par une corde et il fut sauvé par une corde. Les actions sont comme une corde. Les actions égoïstes nous lient tandis que les actions désintéressées, dédiées à Dieu, nous mènent à la libération spirituelle.

La vie ne nous apportera peut-être pas que des expériences agréables. Bien souvent, nous devrons traverser des épreuves. Apprenons à utiliser ces occasions comme des tremplins vers le développement intérieur et la réussite. Pour cela, il faut avoir un discernement enraciné dans la compréhension de la spiritualité.

56. Le remède de l'amour

Mes enfants, l'amour est le remède souverain pour les impuretés mentales que sont la colère et la jalousie. Quand on aime vraiment quelqu'un, on n'éprouve envers cette personne aucun sentiment de jalousie, de rivalité ou de haine. Même ses faiblesses nous sembleront des qualités. Si la personne aimée n'est pas belle, on projette sur elle la beauté. Inversement, si une personne que nous haïssons est belle, nous la voyons comme laide. Le mental est la cause de tout cela.

Une maîtresse de maison et sa servante cuisinaient ensemble dans la cuisine. La maîtresse de maison regarda par la fenêtre et dit à la servante : « Il y a un gros type à la porte d'entrée. S'il te plaît, va voir qui c'est. »

La servante alla voir et quand elle revint, elle dit : « Madame, savez-vous qui est là ? C'est votre fils aîné qui a quitté la maison il y a dix ans ! »

Alors la mère se précipita dehors, serra le jeune homme dans ses bras et dit : « Mon cher fils, quand es-tu rentré ? Pourquoi as-tu autant maigri ? Est-ce que tu manges comme il faut ? »

Le même homme que cette femme trouvait gros quand elle le prenait pour un étranger, lui a paru amaigri quand elle a reconnu son fils. Quand l'amour s'éveille, la laideur se transforme en beauté. Grâce à l'amour, il est ainsi possible de surmonter des émotions telles que la jalousie et le ressentiment.

Être en colère contre une autre personne est similaire à un suicide car le ressentiment et la jalousie tuent des cellules dans le corps. Au contraire, quand on aime les autres, notre cœur s'ouvre et devient pur. Et dans un cœur pur, les nobles vertus et le bonheur brillent naturellement.

Nous ressentons spontanément de la sympathie pour une personne en chaise roulante. Quelqu'un qui ne peut pas maîtriser sa colère est aussi un handicapé. La seule différence, c'est que le handicap n'est pas visible de l'extérieur. De même que nous avons de la compassion pour un handicapé physique, ayons de la compassion pour ceux qui nourrissent de la jalousie et de l'hostilité. Notre amour et notre sympathie parviendront peut-être à opérer en eux une transformation.

L'amour et la vie ne sont pas deux choses différentes ; elles ne font qu'un. On peut comparer l'amour et la vie à un mot et à sa signification. Une vie dépourvue de la douceur de l'amour est comme un désert où le sol est desséché et fissuré. Éveillons donc l'amour en nous. Quand nous le faisons, nous contribuons à maintenir la paix et la prospérité, non seulement dans notre vie, mais dans l'ensemble de la société.

57. La concentration sur le but

Mes enfants, il est rare de rencontrer quelqu'un qui ne désire pas réussir dans la vie. Mais très peu de gens réussissent vraiment. Les autres acceptent leur échec, sombrent dans le désespoir et vivent dans la tristesse. La raison principale, c'est qu'ils n'ont pas clairement le but présent à l'esprit et qu'ils ne sont pas suffisamment préparés, mentalement et physiquement, pour l'atteindre.

Beaucoup de gens s'efforcent de justifier leur échec en donnant des excuses : « Les autres avaient des atouts dont je ne disposais pas. Ils étaient entourés de gens qui les aidaient et les encourageaient. Je n'avais rien de tout cela. » Ces excuses révèlent leur manque de concentration sur le but (*lakṣhya-bōdha*) et la faiblesse de leur volonté. Il est inutile de chercher à cacher nos propres faiblesses et notre paresse. Pour réussir dans quoi que ce soit, il faut de la volonté et de la détermination afin de surmonter les obstacles.

Les élèves qui veulent devenir ingénieurs ou médecins, ou qui souhaitent être le premier de la classe, se consacrent à leurs études avec *lakṣhya-bōdha*. Ils ne perdent pas de temps à traîner avec des amis. Même dans le bus, ils étudient. Ils ne se plaignent pas du manque de lumière chez eux, ils vont étudier à la lumière d'un réverbère. Les circonstances ne découragent pas ceux qui possèdent *lakṣhya-bōdha*, tandis que les autres se font une montagne d'un petit obstacle.

Une mère et son fils allèrent un jour dans une foire. Il y avait un spectacle de musique et de danse à un endroit de la foire.

Et tout autour, il y avait beaucoup de stands où on vendait de la nourriture, des jouets et d'autres articles. L'enfant regardait tout cela, fasciné, tout en tenant la main de sa mère. Pendant quelques minutes, la mère oublia son enfant. Puis elle s'aperçut qu'il lui avait lâché la main. Elle regarda autour d'elle, inquiète. Elle le chercha désespérément partout, dans tous les coins et recoins de la foire. Elle n'avait qu'une seule pensée : « Où est mon fils ? » Elle n'entendait pas la musique, elle ne voyait pas la danse. Elle ne remarquait pas la foule qui l'entourait ni le bruit. Ainsi, celui qui possède *lakṣhya-bōdha* ne nourrit pas de pensées autodestructrices, ne cède pas devant les obstacles.

Il s'agit d'abord et avant tout d'avoir une claire compréhension du but que nous voulons atteindre dans la vie. Puis il faut constamment s'efforcer d'atteindre ce but. Une fois cela acquis, tout le reste suivra naturellement. Quand l'arbre donne des fruits, les pétales des fleurs tombent naturellement. Ainsi, quand *lakṣhya-bōdha* est bien ancré en nous, les mauvaises habitudes et les faiblesses disparaissent naturellement. Toutes les qualités nécessaires pour atteindre le but se manifestent peu à peu. Voilà pourquoi *lakṣhya-bōdha* est une qualité essentielle.

58. La dévotion et le contentement

Mes enfants, la dévotion, c'est le souvenir constant, ininterrompu, de Dieu. Prenez l'exemple des *gōpīs* (laitières) de Vṛindāvan. Il leur était difficile de passer un seul instant sans penser à Kṛiṣhṇa. Dans la cuisine, les pots d'épices telles que le piment et la coriandre avaient sur l'étiquette les noms du Seigneur. Si elles voulaient du piment, elles disaient qu'elles voulaient Mukunda. En prenant de la coriandre, elles avaient le sentiment de tenir Gōvinda entre les mains. Peu importait ce qu'elles étaient en train de faire, leurs pensées étaient constamment tournées vers Dieu. Elles eurent finalement l'expérience de l'omniprésence du Seigneur Kṛiṣhṇa.

Quand le cœur est rempli d'amour pour Dieu, toutes les tendances latentes (*vāsanās*) et les désirs qui nous préoccupaient s'affaiblissent. Le mental est lavé de ses impuretés. Dans cet état de dévotion, le dévot ne désire rien d'autre que Dieu. Rien d'autre n'est important. Le dévot accepte les joies et les souffrances comme le *prasād* (l'offrande bénie) de Dieu. Il est satisfait même s'il vit dans la pauvreté.

Un roi partit chasser dans la forêt. Il se perdit en poursuivant des animaux et se trouva séparé de sa suite. Il se mit à pleuvoir des cordes et le roi se retrouva trempé jusqu'aux os. Il erra longtemps et l'épuisement s'empara de lui. Au crépuscule, il aperçut un vieux temple voué à Kṛiṣhṇa et à côté, une simple hutte. Le roi entra dans la hutte. Un vieux prêtre et sa femme vivaient là. Quand ils virent cet étranger trempé, ruisselant, ils lui tendirent une serviette propre. Le roi se sécha et ensuite, ils lui offrirent à manger. Le roi passa la nuit dans la hutte.

Les soldats du roi avaient passé la nuit à le chercher et à l'aube, ils arrivèrent à la hutte. Le roi fit ses adieux au couple et ordonna que l'on donne au prêtre cent pièces d'or. Le vieillard déclina poliment cette offre en disant : « Nous n'avons besoin de rien. Le Seigneur prend soin de nous. Il nous donne tout ce dont nous avons besoin. »

Surpris, le roi leur dit : « Vous êtes tous les deux âgés. Et si vous tombiez malades ? Permettez-moi de vous construire un nouveau foyer. J'enverrai aussi quelqu'un pour vous aider. »

Le couple âgé protesta de nouveau : « Nous ne pensons jamais à la maladie. Le Seigneur, qui est Dhanvantari (le dieu de la Médecine) est toujours avec nous et nous protège. »

Ils étaient pauvres et âgés, mais leurs deux visages brillaient de foi et de contentement.

La simplicité et le sacrifice de soi sont des vertus naturelles chez un vrai dévot. Il ne pense pas à sa propre sécurité ni à son intérêt personnel. Il reçoit ce que la vie lui offre, bonheur ou malheur, les épreuves et les joies, comme le *prasād* de Dieu. Il n'a ni ressentiment ni objections et ne se plaint jamais. Il n'éprouve que de l'amour et une foi inébranlable.

59. Garder l'esprit ouvert

Mes enfants, ayons toujours l'attitude d'un débutant. Cela signifie garder l'esprit ouvert, être humble et nourrir le désir intense d'apprendre. C'est être prêt à voir et à accepter le bien en toute chose. Aborder toute situation avec un esprit ouvert éveille la patience, la vigilance et l'enthousiasme. Toute situation a des leçons à nous enseigner ; on peut alors la gérer correctement. Un esprit fermé nous rend fier et obstiné, nous incite à commettre des erreurs et nous empêche d'assimiler le bien. Une telle attitude mène finalement à l'autodestruction.

Lors de la guerre du *Mahābhārata*, Arjuna et Karṇa se retrouvèrent un jour face à face. Le Seigneur Kṛiṣhṇa était le conducteur de char d'Arjuna et Śhalya celui de Karṇa. Les deux guerriers échangèrent une pluie de flèches. Finalement, Karṇa enfila une flèche et visa la tête d'Arjuna avec l'intention de le tuer. Śhalya lui donna le conseil suivant : « Karṇa, si tu veux tuer Arjuna, ne vise pas sa tête, mais son cou. »

Karṇa répliqua avec arrogance : « Une fois que j'ai bandé mon arc et que j'ai visé, je ne change jamais de cible. Ma flèche visera donc la tête d'Arjuna. » Karṇa décocha la flèche. En la voyant arriver en sifflant vers la tête d'Arjuna, le Seigneur appuya avec son pied sur le char, si bien que les roues du char s'enfoncèrent profondément dans le sol. Au lieu d'atteindre la tête d'Arjuna, la flèche renversa sa couronne. C'est ainsi qu'Arjuna fut sauvé. Peu après, il tua Karṇa. Si Karṇa avait suivi le conseil de Śhalya, la flèche aurait atteint Arjuna à la tête. Mais malheureusement, l'ego de Karṇa l'empêcha d'écouter le conseil de Śhalya ; son esprit n'était pas ouvert. Ainsi, Karṇa pava le chemin de sa propre mort.

Si nous cultivons l'attitude « je sais tout », nous n'apprendrons jamais rien. Peut-on verser quoi que ce soit dans un récipient déjà plein ? On ne peut remplir le seau que s'il descend dans le puits. S'il veut apprendre à jouer de la flûte, même un savant ayant reçu le prix Nobel doit écouter son professeur.

L'attitude du débutant est la porte qui ouvre sur le monde de la connaissance et sur une vision du monde qui soit vaste. Celui qui a cette attitude a le sentiment : « Je ne sais rien. Daignez m'enseigner ce que vous savez. » Une telle personne est humble et ouverte. Cette attitude attire la grâce divine et nous aide ainsi à acquérir la connaissance de quoi que ce soit. C'est ainsi que l'on peut réussir dans la vie.

60. Le darśhan de la déité du temple

Mes enfants, certains se plaignent : « Nous avons visité bien des temples et fait de nombreux pèlerinages et pourtant, nos désirs n'ont pas été satisfaits. » Se rendre au temple, faire des pèlerinages, tout cela est bel et bon, mais notre but ne devrait pas être de satisfaire nos désirs. Notre intention devrait être de purifier le mental et d'éveiller en nous la dévotion envers Dieu. Si nous n'obtenons pas la pureté du cœur, tous nos efforts spirituels seront vains.

Quand on construit un bâtiment, le ciment ne prend que si les tiges de fer utilisées sont propres. De même, Dieu ne peut résider que dans un cœur pur. Quand nous allons au temple ou dans un autre lieu sacré, pensons à Dieu, cultivons une attitude d'abandon au Seigneur. Le temps que nous passons dans ces lieux, consacrons-le à réciter les noms du Seigneur, à chanter des *bhajans*, à méditer ou à faire d'autres pratiques spirituelles. Même si nous avons pour but la satisfaction de nos désirs, le mental doit être concentré sur Dieu. Mais de nos jours, quand les gens se rendent au temple, ils sont pour la plupart préoccupés par leur foyer, leur travail et cent autres choses. Ils racontent tout cela à Dieu et lui demandent d'exaucer leurs désirs. Ils sont incapables de tout oublier un seul instant pour ne penser qu'à Dieu. Une fois qu'ils se sont soulagés de leurs soucis, leurs pensées se tournent à nouveau vers leur foyer ou d'autres problèmes. Certains se demandent si on ne leur a pas pris les chaussures qu'ils ont laissées à l'entrée du temple. Ou le mental pense au bus qui les ramènera chez eux. Avant de quitter le temple, ils donnent un peu d'argent pour l'offrande rituelle (*vazhipāḍu*). Ensuite, ils ne s'attardent plus au temple. Ils disent au revoir et partent.

Il ne devrait pas en être ainsi. Tout le temps que nous passons dans le sanctuaire, essayons de ne penser qu'à Dieu. Quand nous allons voir notre avocat ou notre médecin, nous sommes obligés de lui raconter tout dans les moindres détails pour que l'avocat puisse plaider notre cause correctement ou le médecin nous soigner. Mais il n'est pas nécessaire de dire quoi que ce soit à Dieu. Il connaît notre cœur. Alors méditons sur le Seigneur et purifions ainsi notre mental. C'est seulement ainsi que nous obtiendrons le plein bénéfice de notre visite au temple.

Nous ne progresserons pas spirituellement ou matériellement en nous contentant d'aller au temple et de faire le tour du sanctuaire. Peu importe le nombre de temples que nous aurons visités, les offrandes que nous aurons faites, nous n'en tirerons les bienfaits que si nos pensées se tournent vers Dieu.

Quand il pleut, l'eau tombe sur le sol et le rend boueux ; il devient difficile de marcher. Puis l'eau de pluie qui était en excès s'écoule. L'huître, en revanche, ne reçoit peut-être qu'une goutte d'eau de pluie mais elle transforme cette goutte, qu'elle a longtemps attendue, en une perle précieuse. Ainsi, bien que la grâce de Dieu se répande sans cesse sur nous, elle ne nous sera bénéfique que dans la mesure où nous l'assimilerons.

61. Les habitudes

Mes enfants, les habitudes jouent un grand rôle dans notre vie. Les bonnes habitudes orientent notre vie dans la bonne direction et mènent à la réussite, tandis que les mauvaises habitudes polluent le mental et ruinent notre vie.

Celui qui désire goûter une liberté totale doit s'assurer qu'il n'est pas esclave de ses habitudes. On ne peut atteindre ce but qu'en étant parfaitement conscient de chaque pensée et de chaque action. Si on fait régulièrement une mauvaise action, elle devient une habitude. Les habitudes forment notre caractère. Notre caractère nous détermine et nous perdons ainsi notre liberté.

Si quelqu'un qui a l'habitude de boire tous les jours un café au saut du lit n'a pas son café, il est agité et irritable. L'absence de choses triviales telles que le café, les cigarettes ou le journal à l'heure habituelle a le pouvoir de rendre le mental agité, ce qui nous empêche de connaître la joie et le contentement. Nous sommes tous devenus esclaves de nombreuses habitudes de ce type.

Au bout de trente ans de service, un homme prit sa retraite de l'armée et rentra dans son village. Il alla un jour au marché acheter du lait. Il plaça le pot de lait plein sur sa tête en le tenant des deux mains, et se mit en marche pour rentrer chez lui. Un des jeunes qui se trouvaient là le vit arriver et cria : « Garde à vous ! » Dès qu'il entendit l'ordre qui avait fait partie de sa vie pendant les trente dernières années, le soldat à la retraite automatiquement lâcha la cruche et se mit au garde à vous. Le pot tomba et se brisa, le lait se répandit sur le sol. Les jeunes s'esclaffèrent de rire.

Cette histoire montre comment même de petites actions peuvent s'avérer néfastes si elles sont faites mécaniquement. Puisque tel est le cas, on ne peut qu'imaginer à quel point les mauvaises habitudes sont destructrices.

Une fois que l'on a développé une addiction destructrice, il est difficile de s'en défaire. Cela exige un effort constant et conscient de la part de celui qui veut y parvenir. En cultivant consciemment de bonnes habitudes, on peut éviter de tomber dans le piège de mauvaises habitudes et développer un caractère noble.

Cela dit, soyons également vigilants à ne pas devenir esclaves de bonnes habitudes. Rappelons-nous que les bonnes habitudes sont pour nous et non l'inverse. Imaginez qu'un homme ait l'habitude de méditer tous les jours à 8 heures du matin ; un jour, son frère a un accident et il doit l'emmener à l'hôpital au lieu de méditer. Son mental ne devrait pas être perturbé parce qu'il a manqué sa méditation.

Celui qui apprend à nager se munit d'abord d'un gilet de sauvetage pour flotter. Une fois qu'il a appris à nager, il peut s'en passer. Ainsi, nous devons être capables de nous libérer peu à peu de toutes nos habitudes et accéder à une liberté totale.

62. Aime ton prochain

Mes enfants, la dévotion envers Dieu ne s'exprime pas seulement par les rituels ou par l'adoration. Elle doit se manifester par l'amour, la compassion et la patience envers nos frères humains. Comme nous l'a conseillé Jésus-Christ : « Aime ton prochain comme toi-même. » Cet enseignement est d'une importance spirituelle et pratique considérable. Chacun de nous s'aime d'abord et avant tout lui-même. Mais si on peut considérer l'autre comme soi-même, l'amour coule librement.

Nous croyons être des individus séparés mais, en vérité, nous sommes tous un. Quand l'amour s'éveille, le sentiment de la séparation disparaît, au moins temporairement, et nous faisons l'expérience de l'unité.

Notre prochain, ce sont les gens avec lesquels nous sommes en contact à tous les moments de la vie. En ce sens, les membres de la famille, les amis, les collègues et les gens avec lesquels nous voyageons sont tous notre prochain. Si nous parvenons à garder avec eux de bonnes relations, c'est à nous que cela sera bénéfique. Pour beaucoup d'entre nous, il n'est pas facile d'aimer son prochain. Il est naturel aux êtres humains de critiquer les autres.

Un couple de jeunes mariés s'installa dans un nouveau quartier. Le lendemain matin, ils virent la voisine étendre son linge dehors pour qu'il sèche. La femme dit à son mari : « Elle n'a pas bien lavé sa robe. Elle ne sait sans doute pas laver les vêtements comme il faut. » Le mari ne répondit rien. Les jours suivants, la même scène se répéta chaque matin et le mari s'abstint toujours de répondre à la remarque de sa femme.

Quelques semaines plus tard la femme, surprise, montra du doigt les vêtements accrochés sur la corde à linge des voisins et dit à son mari : « Regarde, on dirait que la voisine a finalement appris à laver les vêtements correctement. Tous les vêtements sont bien propres. Je me demande qui lui a appris à laver. »

Le mari répondit : « Je me suis levé tôt ce matin et j'ai lavé les vitres de la fenêtre. »

C'est exactement ce qui se passe dans la vie. Si l'on veut voir le bien chez les autres, il faut d'abord purifier son propre mental. Les émotions négatives telles que l'arrogance, la jalousie, l'envie et la haine déforment notre vision. Le résultat, c'est que nous sommes incapables d'accepter et d'aimer les autres.

En cultivant une attitude pleine d'amour envers ceux qui nous entourent, nous pouvons purifier notre mental et créer autour de nous une atmosphère remplie d'amour et de joie.

63. La colère est-elle bonne ou mauvaise ?

Mes enfants, un petit enfant a un jour demandé à Amma : « Amma, est-ce qu'il y a une bonne colère et une mauvaise colère ? »

Une émotion est bonne ou mauvaise selon l'intention qui la gouverne et les bienfaits qu'elle apporte. Si par exemple une mère manifeste de la colère envers son enfant, c'est pour le bien de l'enfant. Dans le cœur de la mère, il n'y a pas la moindre trace d'inimitié ou de haine envers l'enfant. Ce qui s'exprime sous la forme de la colère, c'est son amour et son affection pour l'enfant. Une chatte prend son chaton par la nuque pour le porter dans un endroit sûr. Une mère souhaite que son enfant ait un avenir brillant. Si elle se met en colère contre lui, cela le rend peut-être triste. Mais plus tard, il comprendra que la colère de sa mère lui a en fait évité un grave danger.

Quand un bon enseignant dispute un élève, c'est pour l'aider. Le professeur ne fait cela que pour encourager l'élève à être plus sérieux dans ses études. Cette colère-là est motivée uniquement par l'amour et l'affection. Le professeur porte un masque et la colère est ici une autre forme de l'amour. Elle aidera donc certainement l'élève.

Il existe une autre sorte de colère qui ne vise pas à aider qui que ce soit mais qui naît de l'arrogance et de l'égoïsme de la personne qui se met en colère. Par exemple, la colère d'un élève jaloux d'un autre parce que celui-ci a eu de meilleures notes que lui. Une telle colère fera du mal aux deux élèves et il faut la maîtriser dès le départ. Si nous n'en sommes pas capables, éloignons-nous de la situation qui a provoqué notre colère. Il est naturel que des pensées de colère surgissent dans le mental. Mais n'agissons pas sous l'influence de cette émotion. Mieux vaut prendre de la distance par rapport à la situation qui a provoqué notre colère et y réfléchir. Veillons à ce que notre colère ne se traduise pas par des actions que nous regretterons ensuite.

Combien de relations familiales et amicales ont été brisées par un seul moment de colère ! De tels problèmes peuvent être évités dans une grande mesure si les deux parties s'efforcent de maîtriser leur colère et d'agir avec discernement. Le fait de méditer quotidiennement et de faire d'autres pratiques spirituelles nous aidera à acquérir la maîtrise du mental. Peu à peu, nous serons capables de remarquer la première pensée de colère quand elle surgit et de la contrôler. Puisse chaque pensée, chaque parole et chaque action de mes enfants jaillir d'un état méditatif.

64. Les mahātmās

Mes enfants, quand une pièce de théâtre est représentée sur la scène, le public traverse des émotions variées. Les gens rient ou pleurent, selon la façon dont les personnages agissent. Mais qu'en est-il du dramaturge qui regarde sa propre pièce ? Il n'attend pas la scène suivante avec anxiété. L'auteur connaît parfaitement la suite des événements et les répliques des personnages. C'est ainsi que vivent les *mahātmās* (êtres éveillés) en ce monde. Ils savent ce qui se passe et ce qui va se produire. Rien ne peut donc les affliger.

Bien que les *mahātmās* agissent constamment, ils n'ont pas le sentiment d'être ceux qui agissent. Ils ne sont pas attachés à leurs actions. Ils vivent dans le monde comme du beurre qui flotte sur l'eau. Mes enfants, rappelez-vous ce que le Seigneur Kṛiṣhṇa a dit à Arjuna : « Ô Arjuna, dans les trois mondes, je n'ai rien à obtenir. Pourtant, j'agis ». Certains demanderont peut-être : « Alors pourquoi les *mahātmās* agissent-ils ? » Ils agissent afin d'éveiller chez les autres *dharma-bōdha* (la conscience de ce qui est juste, conforme à la Loi divine). Tel est le but de leurs actions. Le *dharma* ne triomphera que si l'*adharma* (ce qui est contraire à la Loi divine) diminue.

Si un pays n'est pas protégé d'un dirigeant cruel et dépravé, le pays et ses habitants seront anéantis. Quand on fait une radiothérapie pour détruire des cellules cancéreuses, certaines cellules saines meurent aussi. Néanmoins, cela aide le malade à guérir. Ainsi, exécuter un homme qui n'hésite pas à tuer une centaine de personnes peut libérer le pays et ses habitants de l'emprise de l'*adharma*.

Au cours de la guerre du *Mahābhārata*, Duryōdhana sortit une nuit pour aller voir sa mère, Gāndhārī. Il s'apprêtait à aller recevoir sa bénédiction afin de gagner la guerre et de devenir invincible. Gāndhārī était une perle parmi les femmes. Après avoir épousé un aveugle, elle s'était bandé les yeux par solidarité avec son époux. Grâce à cette ascèse, elle avait acquis des pouvoirs spirituels et en conséquence, si le regard de Gāndhārī se posait sur quelqu'un, son corps deviendrait aussi résistant que l'acier et il serait invincible. Duryōdhana le savait. Selon les instructions de sa mère, il avait pris une douche et allait voir sa mère, complètement nu. Soudain, Kṛiṣhṇa apparut devant lui et lui demanda : « Duryōdhana, que fais-tu là ? Tu vas voir ta mère en costume d'Adam ? Est-ce que tu ne devrais pas porter au moins un pagne ? »

Duryōdhana eut le sentiment que le Seigneur avait raison. Il se ceignit d'un pagne qui lui couvrait les hanches et les cuisses, puis alla voir Gāndhārī qui ôta son bandeau et regarda son fils. Toutes les parties du corps de Duryōdhana qu'elle regarda devinrent plus fortes que l'acier. Seules les parties de son corps qu'il avait couvertes restèrent vulnérables. Plus tard, quand Bhīma et Duryōdhana combattirent armés de massues, Bhīma ne parvint pas à le vaincre malgré plusieurs tentatives. Finalement, sur un signe donné par le Seigneur Kṛiṣhṇa, Bhīma écrasa les cuisses de Duryōdhana avec sa massue et le tua.

Certains considèrent que cette action du Seigneur Kṛiṣhṇa était contraire au *dharma*. Mais le Seigneur savait que si le méchant Duryōdhana devenait invincible, le *dharma* ne triompherait pas dans le royaume. C'est pourquoi il persuada Duryōdhana de se couvrir les hanches et les cuisses. Et grâce à cela, Bhīma réussit à le vaincre. Les actions des *mahātmās* peuvent parfois sembler contraire à l'éthique à des gens ordinaires. Mais il ne faut pas les évaluer en se contentant d'interpréter la situation superficiellement. La grandeur des *mahātmās* ne peut être évaluée que si l'on prend en compte les conséquences de leurs actions.

65. Rien n'est insignifiant

Mes enfants, rien dans cet univers n'est insignifiant. Tout y a sa place et son importance. La plupart des problèmes viennent de notre incapacité à voir cette vérité.

La négligence dans les petites choses génère de lourdes pertes. Si une petite vis est desserrée, cela entraîne un dysfonctionnement de l'avion et met en danger la vie des passagers. On ne peut donc rien considérer comme insignifiant. Un petit problème n'est pas pour autant sans importance. Si on lui accorde l'attention requise, on peut éviter des dangers plus graves.

L'attention et la patience que nous mettons dans les petites choses conduit au succès. Avec l'âge et avec l'expérience, un médecin avait acquis de la maturité. Un jeune médecin l'appela un jour. Il était très agité et dit : « Monsieur, on m'a amené un patient qui a avalé par mégarde une petite balle. Elle est coincée dans sa gorge. Il peut à peine respirer et il va mourir. Je ne sais pas quoi faire. Je vous en prie, dites-moi comment je peux sauver ce patient. »

Après quelques minutes de silence, le docteur dit : « Prenez une plume et chatouillez-le. »

Quelques minutes plus tard, le jeune médecin appela et raconta joyeusement : « Monsieur, quand j'ai chatouillé le patient, il a éclaté de rire et la balle a ainsi été éjectée. C'est vraiment un miracle ! Comment avez-vous acquis ce savoir ? »

Le docteur répondit : « Quand vous m'avez décrit l'état du patient, cette idée m'est venue à l'esprit. C'est tout. »

Une petite plume apparemment sans importance peut sauver une vie ; ainsi, en prêtant attention aux détails, on peut accomplir de grandes choses.

C'est l'attention et le discernement dont nous faisons preuve dans les choses apparemment sans importance qui nous rapprochent de Dieu. L'attention dans le domaine extérieur conduit à la vigilance dans le domaine intérieur. Elle est nécessaire pour réussir aussi bien dans la vie spirituelle que dans le monde. Donc, mes enfants, soyez attentifs à tout.

66. Savoir et assimiler

Mes enfants, la spiritualité est la science de la vie. Grâce à la connaissance spirituelle, on devient capable de faire face aux situations de la vie avec l'attitude juste et on acquiert la force de surmonter les épreuves, les crises et ses propres faiblesses. Il ne suffit pas d'apprendre les principes de la spiritualité, de faire des discours et de conseiller les autres. Ces principes doivent être intégrés dans notre vie et s'exprimer dans nos actions. La façon dont nous regardons les autres, notre façon de marcher, de rester assis et notre comportement, tout cela devrait refléter la connaissance spirituelle. Les élèves passent généralement des examens dont l'heure et la date sont fixés à l'avance. Mais le véritable test pour un élève, ce sont ses résultats dans une interrogation surprise.

Amma se rappelle une histoire. Un groupe d'élèves venait de terminer son éducation dans une *Gurukula*[11]. Pour obtenir leur certificat, ils devaient passer un examen supplémentaire au cours duquel le guru les interrogerait. En route vers l'ermitage du guru, les élèves se dépêchaient pour aller passer leur examen final. Ils arrivèrent soudain sur un chemin étroit parsemé d'épines. Certains d'entre eux maudirent leur destin et marchèrent sur les épines. D'autres marchèrent sur le bord du chemin en faisant attention à ne pas marcher sur les épines. Mais l'un des élèves, qui était humble, dit aux autres : « Ces

[11] Mot à mot : le clan (*kula*) du précepteur (*guru*) ; école traditionnelle où les élèves vivaient avec le guru pendant toute la durée de leurs études, consacrées à l'étude des Écritures.

épines risquent de blesser les pieds de ceux qui passeront par ici. Maintenant, il fait encore jour, mais le crépuscule ne tardera pas. Une fois qu'il fera nuit, il sera difficile de trouver les épines. Si nous nous y mettons tous, nous aurons vite fait de débarrasser le chemin des épines. »

Mais personne n'était prêt à l'aider. « L'examen commencera bientôt. Si nous sommes en retard, le guru ne sera pas content. Il faut que nous arrivions bientôt à l'ermitage. » Et sur ces paroles, ils se hâtèrent de partir.

Alors le disciple se mit tout seul à ramasser et à jeter les épines hors du chemin. Il ne s'arrêta pas malgré les épines qui lui piquaient les mains. Dès qu'il eut déblayé la dernière branche épineuse, il sentit quelqu'un qui lui prenait l'épaule pour le relever. C'était le guru. Il étreignit le disciple chaleureusement et lui dit : « C'est moi qui ait éparpillé les épines sur ce chemin pour vous mettre tous à l'épreuve. Tu es le seul élève à avoir passé le test ! »

Quelle est l'essence de cette histoire ? Les autres élèves se préoccupaient plus des questions que le guru risquait de leur poser et des réponses à ces questions. Leur savoir ne s'exprimait pas dans leur vie. Mais la vie de ce disciple avait été transformée par la connaissance qu'il avait acquise. L'essence de la spiritualité, c'est de faire passer les autres avant soi au lieu de se préoccuper uniquement du « moi » et du « mien ». Le but à atteindre, c'est l'ouverture du cœur. On perçoit alors les problèmes des autres et leur souffrance comme les siens. En vérité, en enlevant les épines qui parsèment le chemin de quelqu'un d'autre, on répand des fleurs sur son propre chemin. Il n'est pas nécessaire de semer son chemin de fleurs ; la nature elle-même s'en chargera. Un bon disciple ne répond pas aux questions du guru par des paroles, mais par sa vie. En conséquence, ses tendances négatives et son égoïsme disparaissent.

Pour trouver le vrai « Je » à l'intérieur, il faut d'abord que la coquille externe de l'ego se casse et s'ouvre. Une fois que l'on a trouvé le vrai « Je », on voit le Soi en tout. Alors notre vie est comblée.

67. L'intolérance religieuse

Un peintre célèbre fit un jour le portrait d'une belle jeune femme. Tous ceux qui voyaient le portrait étaient captivés par sa beauté. Quelques-uns demandèrent au peintre si elle était sa petite amie. Quand il répondit que non, ils désirèrent tous qu'elle leur appartienne. Ils interrogèrent le peintre pour qu'il leur révèle où elle vivait. Le peintre leur répondit : « Écoutez, je ne l'ai jamais vue. La beauté que vous voyez dans ce portrait n'appartient pas à un individu. Le portrait est un assemblage des yeux, des nez et d'autres traits physiques de personnes que j'ai vues. Vous aurez beau chercher dans le monde entier, vous ne trouverez jamais cette femme. »

Mais ils ne le crurent pas et rétorquèrent avec colère : « Vous mentez ! C'est une ruse pour que cette femme vous appartienne. »

Le peintre s'efforça encore une fois de leur faire comprendre la vérité, mais en vain. Leur désir de posséder cette jeune femme devint encore plus intense. Chacun d'eux déclara : « Je la veux pour moi. Je la ferai mienne ! » Cela se termina par une bataille dans laquelle ils utilisèrent des armes. Ils périrent tous.

Les croyants d'aujourd'hui sont comme les admirateurs qui voulaient posséder la jeune femme du portrait. Ils cherchent à trouver Dieu en suivant les voies prescrites par les textes de leur religion. Ils croient aveuglément que seul leur Dieu est vrai, que seul leur chemin est le bon. Mais Dieu est la Vérité sans forme. Il existe de nombreuses voies pour L'atteindre. Au lieu de le comprendre, les croyants luttent et se battent entre eux mais jamais ils ne trouvent Dieu.

Chacun de nous voit le monde à travers des verres teintés de différentes couleurs. Si nous regardons avec les lunettes de la haine et du sectarisme, nous ne voyons partout que des ennemis. Nous ne verrons jamais les êtres humains comme des êtres humains. Mais si nous regardons le monde à travers les lunettes de l'amour et de la compassion, nous verrons dans l'univers entier l'amour divin et la beauté.

Selon Amma, si une religion enseigne à ses fidèles à considérer les croyants qui adhèrent à d'autres confessions et les dévots qui vénèrent d'autres dieux comme des diables, il ne s'agit pas d'une vraie religion mais de bigoterie. En vérité, les principes fondamentaux de toutes les religions sont l'amour, la compassion et l'unité. Efforçons-nous d'assimiler ces principes et de les mettre en pratique.

68. La vraie prière

Mes enfants, quand il s'agit d'ouvrir son cœur à Dieu et de forger un lien affectif avec lui, la prière est la meilleure des pratiques. Elle est comme un pont qui relie le *jīvātmā* (Soi individuel) et le *paramātmā* (Soi suprême).

Quand un jeune enfant rentre chez lui après l'école, il jette son cartable par terre et court vers sa mère ; il lui raconte ce qui s'est passé à l'école, les histoires que son maître a racontées et ce qu'il a vu sur le chemin en rentrant de l'école. La prière nous aide de la même manière à cultiver une relation de cœur avec Dieu. En lui racontant tout, nous libérons notre cœur de son fardeau.

« Dieu est mon seul refuge », ayons cette conviction intérieure. Considérons-le comme notre meilleur ami, Celui qui est toujours avec nous quand tout va mal et à tout moment. Quand on ouvre son cœur à Dieu, sans le savoir, on atteint le sommet de la dévotion. Mais de nos jours, peu de gens comprennent les bienfaits de la prière. Pour beaucoup, la prière se résume à mendier : demander la satisfaction de nos désirs. Cela n'a rien à voir avec l'amour de Dieu. Dans ce cas, nous n'aimons que les objets de nos désirs.

Il y a même aujourd'hui des gens qui prient pour le malheur des autres. Un dévot ne devrait jamais penser à faire du mal aux autres. « Seigneur, puissé-je ne pas faire de mal. Donne-moi la force de pardonner aux autres le mal qu'ils font. Pardonne-moi mes péchés. Daigne bénir tous les êtres en leur accordant un cœur bon. » C'est ainsi que nous devrions prier. Les vibrations qui viennent de telles prières ont même le pouvoir de purifier l'atmosphère. Une atmosphère pure a un effet bénéfique sur la vie des humains.

La prière idéale est une prière pour le bien du monde. La prière désintéressée est ce dont notre époque a besoin. Quand on cueille une fleur pour la *pūjā* (rituel d'adoration) consciemment ou inconsciemment, on est le premier à apprécier sa beauté et son parfum. Quand on prie pour le bien du monde, le cœur s'ouvre. Nos prières sont de plus bénéfiques au monde.

Comme une bougie qui donne de la lumière aux autres, un vrai dévot aspire à faire des sacrifices personnels pour aider les autres. Son but est d'obtenir un mental prêt à oublier ses difficultés personnelles pour rendre les autres heureux. C'est cela la vraie prière. Les gens qui ont cette disposition intérieure n'ont pas besoin de partir en quête de Dieu. Dieu viendra les chercher. Dieu sera toujours leur secours et leur force.

69. La vraie prière - 2

Mes enfants, certains demandent si la prière et les chants dévotionnels (*bhajans*) ne sont pas simplement un étalage d'émotion, de faiblesse. La prière et les chants dévotionnels ne sont absolument pas des symptômes de faiblesse mentale. Il ne s'agit pas d'un simple étalage mais d'outils qui permettent de libérer le mental de son fardeau et d'ouvrir le cœur. De même qu'en enlevant la valve d'une cocotte-minute, on fait sortir la vapeur, la prière est un moyen scientifique de réduire les conflits intérieurs et les tensions.

La vraie prière est un dialogue de cœur à cœur entre Dieu et le dévot. Chaque instant de cette communion est béatitude pour le dévot. Quand deux personnes qui s'aiment profondément ont un échange, elles ne s'ennuient jamais, aussi longue que soit leur conversation. Elles n'ont jamais le sentiment que leur conversation est superficielle.

La prière est en réalité un dialogue avec l'amant intérieur. Plus encore que cela, c'est être capable de discerner entre l'éternel et l'éphémère. L'essence de la prière est la suivante : « Tu es le Soi suprême, le *Paramātmā*, tu n'es pas le Soi individuel, le *jīvātmā*. Tu n'es pas fait pour souffrir, la béatitude est ta nature même. »

La dévotion ne consiste pas à chercher un Dieu qui trône dans les cieux mais à voir le Divin en tout, vivant ou inerte. Un dévot ne déambule pas en quête de Dieu. Le but de la prière est de l'aider à réaliser Dieu qui brille en lui sous la forme de la Lumière éternelle.

Quand une ampoule de cent watts dans la cuisine est couverte de suie, sa lumière est plus faible que celle d'une ampoule de dix watts. Mais quand on enlève la suie, l'ampoule donne à nouveau une lumière vive. De même, la prière est un moyen de se libérer des impuretés mentales qui voilent notre essence divine.

Tout comme la voie de la connaissance, la voie de la dévotion nous mène à l'expérience de la réalisation du Soi. Un enfant était allé chercher un médicament pour son père malade et alité. Au moment où il entrait dans la chambre de son père, les lumières s'éteignirent ; il ne voyait plus rien. L'enfant toucha le mur et pensa : « Non, ce n'est pas cela. » Il toucha la porte et se dit : « Non, ce n'est pas cela. » Il toucha la table et pensa : « Non, ce n'est pas cela. » Il toucha le lit et se dit : « Non, ce n'est pas cela. » Enfin, il toucha son père et pensa : « Papa ! » Il était arrivé jusqu'à son père grâce à un processus de négation. La dévotion est tout à fait similaire. Le dévot n'accepte rien d'autre que Dieu. Il ne pense qu'à Dieu. Les chercheurs spirituels qui suivent la voie de la connaissance disent : « Je ne suis ni le corps ni le mental ni l'intellect, je suis le Soi » ; le dévot dit : « J'appartiens à Dieu. Il s'est manifesté sous la forme de la création tout entière. »

Grâce à la prière, on obtient l'expérience intérieure que tout est Dieu. Le dévot qui voit Dieu en tout oublie son moi limité. Il perd complètement son individualité limitée et s'unit à Dieu. Sa vie même devient une prière.

70. L'adoration intérieure

Mes enfants, certains vénèrent le Dieu sans-forme. D'autres adorent Dieu à travers les idoles et d'autres formes symboliques. Le but de ces deux formes d'adoration est de fixer le mental sur Dieu. Il est difficile pour le mental de se concentrer un seul instant. La *mānasa-pūjā*, l'adoration effectuée mentalement, est le moyen le plus facile de lier le mental agité à Dieu sans avoir besoin d'objets extérieurs.

Le mental a un don pour s'identifier à ce à quoi il pense. C'est ce don qui est mis à profit pendant la *mānasa-pūjā*. C'est pourquoi il est plus facile d'obtenir une bonne concentration pendant la *mānasa-pūjā* que pendant une *pūjā* ordinaire (adoration rituelle). Pendant la *mānasa-pūjā*, visualisons la divinité bien-aimée assise sur un trône dans notre cœur. Comme une mère baigne son enfant, l'essuie, l'habille, le coiffe, lui met un point rituel sur le front et le prépare pour l'école, imaginons que nous adorons notre divinité bien-aimée avec toute la pompe et le cérémonial requis. Puis, récitons les noms de Dieu ou prions notre divinité bien-aimée.

Le Seigneur ne se préoccupe pas du caractère grandiose ou non de la *pūjā*. Ce qu'Il veut, c'est un cœur qui s'abandonne à lui. Il n'est satisfait que d'un tel cœur.

Amma se rappelle une histoire. Un prêtre adora un jour Dieu en lui offrant de nombreuses sortes de fleurs. Puis il demanda : « Ô Seigneur, es-tu satisfait ? Dois-je faire encore une autre offrande ? »

Le prêtre était fier car il pensait qu'il avait accompli une grande chose et qu'il avait fait toutes les offrandes possibles. Le Seigneur dit : « Une fleur encore est nécessaire pour que l'offrande soit parfaite. »

« Quelle est donc cette fleur ? » demanda le prêtre.

« La fleur du cœur, » répondit le Seigneur.

« Ô Seigneur, où puis-je trouver cette fleur ? » demanda le prêtre.

« Elle est proche de toi, » dit le Seigneur.

Il désignait ainsi la fleur qu'est le cœur. Mais le prêtre ne le comprit pas et il se mit à chercher une fleur du cœur. Il chercha partout, mais il ne trouva pas. Finalement, il tomba aux pieds du Seigneur et dit : « Ô Seigneur, je n'ai pu trouver nulle part cette fleur du cœur. Je n'ai que mon cœur à t'offrir. Daigne te satisfaire de cette offrande. »

Le Seigneur répondit : « C'est cette fleur du cœur dont Je t'ai parlé. La fleur de l'innocence est ma fleur préférée. Même si tu dépenses des millions de roupies pour faire des centaines de *pūjās*, tu ne feras pas un seul instant l'expérience de Ma présence. C'est ton cœur innocent que je veux, non tes *pūjās* ou tes richesses. »

Le but de toutes les pratiques spirituelles est de développer une concentration totale sur Dieu. La *mānasa-pūjā* peut nous aider à développer facilement une telle concentration.

71. Vivre dans le moment présent

Mes enfants, le mental est rarement dans le moment présent. Il pense généralement à des événements du passé ou bien à l'avenir. Nous ne disposons que du moment présent. C'est comme de l'argent que nous avons entre les mains et que nous pouvons dépenser soit de manière sage soit stupidement.

Les souffrances, les chagrins et la culpabilité liés au passé nous perturbent souvent. Ruminer le passé équivaut à étreindre un cadavre décomposé. Inversement, si nous pensons sans cesse au futur, nous ne pourrons pas goûter la paix et le contentement qu'offre le moment présent. Celui qui s'installe pour dormir auprès du trou d'un cobra ne fermera pas l'œil un instant car il aura peur. Ainsi, les peurs et les angoisses concernant le futur détruisent la paix du mental. Elles paralysent l'expression de nos talents. Il y a des enfants qui chez eux dansent et s'expriment de tout leur cœur mais quand ils se produisent sur scène, ils ont peur et se déplacent comme des danseurs sur une scène branlante. Leur visage n'exprime plus les émotions que la danse met en scène. La peur qu'ils éprouvent détruit la beauté de la danse et de ses émotions.

Vivre dans le présent signifie : agir à chaque instant avec sagesse, sans s'inquiéter du passé ou de l'avenir. C'est la vigilance avec laquelle nous agissons dans le moment présent qui détermine notre avenir. Chaque moment est donc précieux.

Un garçon passait tout son temps à regarder la télévision. Quand ses parents lui disaient d'apprendre ses leçons, il répondait :

« Les examens sont dans le futur, n'est-ce pas ? Les sages disent qu'il ne faut pas s'inquiéter de l'avenir, qu'il faut être heureux dans le moment présent. Je déteste apprendre. Je regarde la télévision et comme ça, je suis heureux dans le moment présent. »

Les parents emmenèrent leur fils voir un guru qui lui dit : « Mon fils, vivre dans le moment présent, cela signifie faire le meilleur usage possible du moment présent. Si tu agis ainsi, tu vivras toujours heureux. Mais si tu gâches ton temps à des plaisirs éphémères, tu le regretteras toute ta vie. Si tu passes tout ton temps devant la télévision, tu ne pourras pas gagner assez d'argent pour acheter une télévision. Donc, sois attentif à bien employer chaque instant de ton temps. Quand tu étudies tes leçons, concentre-toi sur tes études. Quand tu joues, prends plaisir au jeu. Quand tu pries, prie de tout ton cœur. »

Le présent est un cadeau inestimable que nous fait Dieu. Si nous agissons avec vigilance dans le présent, nous aurons un brillant avenir.

72. La vie est un terrain d'entraînement

Mes enfants, nous désirons tous que les autres fassent preuve d'amour et de patience envers nous. Si nous avons le sentiment que leur comportement ne correspond pas à ces attentes, nous n'hésitons pas à les critiquer, à leur faire des reproches et à les juger durement. Mais beaucoup d'entre nous oublient que les autres aussi attendent de notre part un comportement respectueux et exemplaire.

Si nous sommes pris dans un embouteillage, nous klaxonnons sans cesse pour que la voiture qui se trouve devant nous avance. Nous en maudissons le conducteur, comme s'il était la cause du problème. Et en même temps, nous lançons au chauffeur derrière nous : « Hé, ne soyez pas si impatient ! Vous ne voyez pas qu'il y a un embouteillage ? S'il vous plaît, soyez patient. »

La vie est un terrain d'entraînement, conçu pour nous permettre de nous améliorer. Quand nous voyons quelqu'un mal agir, apprenons à ne pas commettre la même erreur. Et de même, quand nous voyons quelqu'un faire le bien, ayons le désir de nous comporter comme cette personne, efforçons-nous de faire le bien. Cette attitude nous aidera à progresser et à grandir.

La plupart d'entre nous ne sont pas prêts à être honnêtes, mais la malhonnêteté des autres nous semble impardonnable. Un voleur brandit un couteau en menaçant le père de famille : « Où avez-vous caché l'or, les bijoux et l'argent ? Dis-moi la vérité sinon je te tue ! » Même un voleur attend des autres qu'ils disent la vérité.

Un homme dit un jour à un travailleur social : « Je veux devenir un travailleur social comme vous. »

Celui-ci répond : « Ce n'est pas facile. Il vous faudra faire bien des sacrifices. Vous devez être prêt à donner aux pauvres ce qui vous appartient. »

« Je suis prêt à n'importe quel sacrifice. »

« Si vous avez deux voitures, il faudra en donner une. »

« Pourquoi pas ? Certainement ! »

« Si vous avez deux maisons, il faudra en donner une. »

« Bien sûr. »

« Si vous avez deux vaches, il faudra en donner une à quelqu'un qui n'en a pas.»

« Ah non ! Je ne peux pas faire ça ! »

« Pourquoi pas ? Vous n'avez pas eu d'hésitation quand il s'agissait de donner une voiture et une maison. Alors pourquoi hésitez-vous à donner une vache ? »

« Eh bien, c'est que je ne possède pas deux voitures ni deux maisons mais par contre, j'ai deux vaches. »

Dans un esprit égoïste, il n'y a pas de place pour l'idéalisme. L'idéalisme se reflète dans toutes les pensées, les paroles et les actions de celui qui a réussi à vaincre l'égoïsme. Pour aider les autres à assimiler un idéal, ce qui compte plus que n'importe quelles paroles, c'est la manière dont nous le mettons en pratique.

73. La nécessité d'un guru

Mes enfants, les Écritures disent que Dieu est en nous et qu'Il n'est pas séparé de nous. S'il en est ainsi, certains s'interrogeront sur la nécessité d'un guru. Certes, Dieu est en nous mais pour en prendre conscience, nous avons besoin d'un guru qui élimine notre ego. Seul celui qui est éveillé peut réveiller quelqu'un qui dort profondément. Une mèche contient tout ce qu'il faut pour qu'on l'allume et pourtant, on a besoin d'une mèche déjà enflammée pour l'allumer. Ainsi, pour réaliser Dieu qui demeure en nous, il nous faut l'aide d'un être spirituellement éveillé.

En certains endroits, nous aurons beau creuser profond pour avoir de l'eau, nous n'en trouverons jamais. Mais si nous creusons près d'une rivière, l'eau jaillira très vite. De même, les nobles qualités du disciple et ses talents se manifesteront rapidement en présence du guru.

Le guru crée des situations variées pour aider le disciple à se libérer de sa paresse, à vaincre ses *vāsanās* (tendances latentes) et lui permettre de réaliser la Vérité.

Après avoir fait un pèlerinage, un guru et son disciple rentraient à l'*āśhram*. Arrivé à la moitié du voyage, le disciple déclara : « Ô guru, je ne peux pas faire un pas de plus ! Laissez-moi me reposer un moment sous ce banyan. » Le maître insista pour qu'ils continuent, mais le disciple refusa. La maître continua donc le voyage seul.

Il vit des ouvriers agricoles qui travaillaient dans un champ au bord de la route. Leurs enfants jouaient à côté. Un petit bébé dormait profondément, posé par terre. Sans que personne le remarque, le guru prit le bébé et le posa à côté de son disciple qui dormait sous un arbre. Puis le guru se cacha.

Quand les ouvriers remarquèrent la disparition du bébé, ce fut le chaos ! Ils couraient çà et là, ils le cherchaient partout. Toute cette agitation réveilla le disciple. Les ouvriers en colère lui demandèrent : « As-tu volé notre bébé ? » et s'apprêtaient à se jeter sur lui. Le disciple bondit sur ses pieds et courut pour sauver sa vie. Il arriva bientôt à l'*āśhram*. Pendant ce temps, le guru marchait d'un pas tranquille et, quand il arriva à l'*āśhram*, il trouva le disciple qui dormait, épuisé. Le guru lui dit : « Tu m'as dit que tu ne pouvais pas faire un pas de plus, mais tu es arrivé à l'*āśhram* avant moi. » Quand le disciple rechigne à obéir aux paroles du guru, ce dernier fera n'importe quoi pour le ramener sur le droit chemin.

Nous sommes aujourd'hui esclaves de notre mental et de nos organes des sens. Mais si nous obéissons aux instructions du guru, nous serons libérés à jamais de cet esclavage.

La présence du guru

Mes enfants, a-t-on besoin d'un guru pour atteindre le but de la spiritualité ? Beaucoup de gens se demandent si l'obéissance au guru est de l'esclavage. Nous ressemblons actuellement au roi qui se désolait parce qu'il avait rêvé qu'il était un mendiant. Le guru nous réveille du sommeil de l'ignorance, cause de la souffrance.

Si quelqu'un nous dit la première ligne d'un poème que nous avions appris par cœur dans notre enfance mais que nous avons oublié, la suite du poème nous reviendra aussitôt. Nous sommes ainsi dans un état d'amnésie. Les instructions du guru ont le pouvoir de nous éveiller de cet oubli.

L'arbre est contenu dans la graine mais il ne se révélera que si la graine va sous terre et que son enveloppe se brise. De même, bien que nous soyons des manifestations de la vérité suprême, nous n'en prendrons conscience que si l'enveloppe de notre ego se brise. Le guru créera les circonstances nécessaires pour briser l'ego. Pour qu'une plante devienne un arbre, il faut que le climat s'y prête, qu'elle reçoive suffisamment d'eau et d'engrais au moment voulu et qu'elle soit protégée des insectes et des ravageurs. Le guru crée ainsi des circonstances favorables à la croissance spirituelle du disciple. Il protège le disciple à chaque instant.

Comme un filtre, le guru purifie notre mental et anéantit notre ego. Nous restons esclaves de l'ego dans toutes les situations et agissons sans discernement. Un voleur s'introduisit un jour dans une maison mais les habitants se réveillèrent. Le voleur se sauva et toute la famille se mit à crier : « Au voleur ! Attrapez-le ! » Les gens du quartier poursuivirent le voleur. Comme ils étaient de plus en plus nombreux, le voleur se joignit à la foule pour crier : « Le voleur s'enfuit ! Attrapez-le ! » Personne ne put donc l'identifier et l'attraper. Ainsi, quand l'ego relève la tête, le disciple ne peut pas le percevoir ni l'arrêter par ses propres forces. Il doit s'abandonner à un guru.

Le guru s'efforce constamment de déraciner complètement le sens de l'ego chez le disciple. Obéir aux paroles du guru n'est pas de l'esclavage, c'est le moyen d'atteindre la liberté et la béatitude éternelles. Le guru n'a qu'un seul but : libérer le disciple de la souffrance. Le disciple sera peut-être triste si le guru le dispute, mais il doit se rappeler que le guru agit ainsi uniquement pour éliminer ses *vāsanās* et l'éveiller à sa nature réelle. Quand on déracine les *vāsanās*, cela fait un peu mal. Pour guérir une plaie infectée, il faut d'abord faire sortir le pus. Le médecin devra peut-être même faire une incision pour drainer le pus. On pourrait penser que le docteur est cruel. Mais s'il se contente, par sympathie pour le malade, de mettre une crème sur la plaie sans la nettoyer, elle ne guérira pas. De même, les réprimandes du guru blesseront peut-être le disciple. Mais le seul but du guru est d'affaiblir les *vāsanās* du disciple.

Le guru n'est pas un simple individu mais le Suprême. Il est l'incarnation d'idéaux tels que la vérité, le *dharma*, (ce qui est juste, conforme à la Loi divine), le renoncement et l'amour. En sa présence, le disciple peut assimiler ces idéaux et élever son esprit. Telle est la grandeur de sa présence.

Le vrai guru

Mes enfants, entre toutes les relations humaines, la plus noble est celle qui existe entre un guru et un disciple. Dans la culture indienne, elle occupe la première place. Mais aujourd'hui, beaucoup ne comprennent pas correctement cette relation. Certains demandent : « L'obéissance et l'humilité envers un guru, n'est-ce pas une forme d'esclavage ? » Pour réaliser la Vérité, la notion du « moi » doit disparaître. Il est difficile au disciple de déraciner cette notion uniquement grâce aux pratiques spirituelles. Il ne peut réussir qu'en faisant des pratiques sous la direction d'un guru. En inclinant la tête devant le guru, le disciple ne rend pas hommage à un individu mais à l'idéal qu'il incarne.

Le respect et l'obéissance envers nos parents, nos enseignants et nos aînés nous aide à grandir. Ainsi, en obéissant au guru, la conscience du disciple s'élargit.

Le guru se montre parfois sévère avec le disciple, mais c'est uniquement pour son bien. Si un enfant s'apprête à mettre les mains dans le feu, sa mère ira peut-être jusqu'à lui donner la fessée. Éprouve-t-elle de la haine ? Non. Elle fait cela seulement pour sauver l'enfant du danger. Si un vrai guru réprimande ses disciples, c'est uniquement parce que leur progrès spirituel lui tient à cœur.

Quand on prend l'avion, il faut attacher sa ceinture. Le but n'est pas de réduire notre liberté mais d'assurer notre sécurité. De même, si le guru enjoint au disciple de mettre en pratique les *yamas* et les *niyamas* (principes de l'éthique) ainsi que d'autres règles, c'est simplement pour assurer son progrès spirituel. Ces règles protègeront le disciple des dangers.

Si quelqu'un voit un homme en train de découper des papiers colorés, il demandera peut-être : « Pourquoi déchirez-vous ces feuilles de couleur ? Pourquoi les gâchez-vous ? » Il ignore que l'homme est un artiste qui fabrique des fleurs en papier. L'artiste voit dans ces feuilles de papier quelque chose que les autres ne peuvent pas voir. De même, le guru voit chez le disciple quelque chose que lui-même ne peut pas voir. Si le guru se comporte avec sévérité et réprimande le disciple, c'est uniquement pour l'aider à manifester le Soi qu'il porte en lui.

C'est notre attitude qui rend une expérience douloureuse ou joyeuse. La pensée de l'enfant qui naîtra au bout de neuf mois fait de la grossesse une expérience heureuse pour la future maman. Ainsi, le disciple qui se concentre sur son but spirituel ne considère jamais la réprimande ou la punition du guru comme un harcèlement.

Un vrai maître ne considère jamais son disciple comme un esclave. Le cœur du guru est rempli d'amour pour son disciple. Il désire ardemment voir le disciple réussir, même au prix de sa propre défaite. Un vrai maître est supérieur même à la plus noble des mères.

La discipline du guru

Mes enfants, dans la vie spirituelle, on accorde une importance considérable à la proximité du guru et à la discipline qu'il impose. La présence et les paroles du guru éveilleront chez le disciple de nobles qualités telles que la patience sans même qu'il le remarque. Le guru le guidera vers des situations qui feront émerger ces qualités. Il lui fera faire des travaux qu'il n'aime pas. Le disciple désobéira peut-être. Le guru lui prodiguera alors ses conseils et le disciple, inspiré par ces paroles, les contemplera. Il trouvera la force intérieure de surmonter les situations difficiles.

L'amour est ce qu'il y a de plus puissant pour purifier le cœur humain. Seul l'amour du guru est pur de tout égoïsme. Même si le monde entier hait un individu, le guru ne le haïra pas. Il ne l'abandonnera jamais.

Un guru adopta un jour un orphelin et l'éleva avec amour. Les autres disciples avaient le sentiment qu'il prodiguait trop d'amour et d'affection à cet orphelin. Ils étaient jaloux. En grandissant, l'enfant adopté développa de mauvaises habitudes et l'addiction à de nombreux vices. Mais l'amour que lui portait le guru ne diminua pas. Les autres disciples ne pouvaient plus le tolérer. Ils ne comprenaient pas pourquoi le guru montrait tant d'amour à ce voyou. Une nuit, un disciple dit au guru : « Votre fils chéri s'est évanoui après s'être enivré, il est couché dans la rue. »

Sans dire un mot, le guru sortit de l'*āśhram*. Il marcha un moment, puis il vit le garçon allongé, inconscient, dans la neige glacée sur le bord de la route. Le guru ôta son châle de laine, en couvrit le disciple, puis retourna à l'*āśhram*. Le lendemain, au petit matin, le disciple reprit conscience. En voyant le châle qui le couvrait, il eut honte. « C'est le châle de mon guru ! » Submergé de remords, ils se mit à pleurer et rentra en courant à l'*āśhram*. Il tomba aux pieds du guru, se prosterna, et lui lava les pieds de ses larmes. Ces larmes purifièrent aussi son cœur. Il se produisit en lui une transformation. Ce garçon que tous méprisaient devint un modèle pour les autres disciples.

Le guru connaît le *samskāra* (le mental, la personnalité) de son disciple et agit selon son intuition divine. Avant d'évaluer les actions du guru, reconnaissons donc nos propres limites. Le guru sait ce dont le disciple a besoin pour grandir et il fait le nécessaire. Il guide le disciple vers le but en lui faisant prendre conscience à chaque instant de la grandeur de la vie.

La grandeur du guru

Mes enfants, certains posent la question suivante : « Si le guru et Dieu sont à l'intérieur de nous, pourquoi aurions-nous besoin d'un guru extérieur ? » Certes, il est vrai que le guru et Dieu sont en nous. Néanmoins, la plupart des gens ne sont pas capables de réaliser par eux-mêmes le Dieu intérieur ou d'assimiler les instructions du guru intérieur. Quelques très rares êtres naissent avec de fortes et nobles prédispositions pour la spiritualité qu'ils ont acquises dans des vies antérieures. Mais en-dehors de ces exceptions, personne ne peut réaliser la Vérité sans l'aide d'un *satguru* sous forme humaine. Le *satguru* est une manifestation visible de Dieu. Mais le *satguru* occupe une position plus élevée encore que Dieu car c'est lui qui guide le disciple, encore lié par des faiblesses et des tendances latentes innombrables, avec une patience et une compassion extrêmes.

Le sculpteur a dans son esprit la vision de la statue que recèle la pierre. Quand il la cisèle et enlève ce qui est en trop, la statue apparaît. Ainsi, le guru révèle la pure essence divine cachée chez le disciple. Quand le disciple fait des pratiques spirituelles selon les instructions du guru, ses impuretés s'évanouissent et la Vérité apparaît. C'est un peu ce qui arrive quand on place une statue recouverte de cire près du feu : la cire fond et révèle la statue.

Nous affirmons à présent que nous sommes éveillés ; en réalité, nous ne sommes pas complètement éveillés mais à moitié endormis ou à moitié conscients. Pour s'éveiller pleinement, l'aide du guru est nécessaire.

Quand la pluie tombe au sommet d'une montagne, l'eau coule vers la plaine. C'est aussi la nature du mental. Par moments, on peut avoir le sentiment que le mental est dans un état de conscience élevé, mais il redescend en quelques secondes. Nous aurons beau étudier les Écritures, le mental à notre insu va s'attacher à un objet ou à un autre. Le guru connaît bien les faiblesses du mental et les moyens d'y remédier. La nature de l'eau est de couler vers le bas. Mais sous la forme de vapeur, l'eau s'élève vers le haut. Ainsi, le guru sait qu'en éveillant la vigilance chez le disciple, il peut faire en sorte que le mental du disciple atteigne les sommets. Le but du guru est d'éveiller la vigilance chez le disciple et c'est ce qu'il s'efforce inlassablement de faire. Une fois que la vigilance est éveillée, c'est-à-dire quand le guru intérieur est éveillé, le disciple n'a plus besoin du guru extérieur.

Chaque mot d'une personne dont la conscience est éveillée est un *satsang*. Chacune de ses actions est une prière et une méditation. Chaque respiration d'une telle personne est bénéfique pour le monde.

74. Souriez toujours, même lors d'une crise

Mes enfants, nous devons être capables de faire face à n'importe quelle crise avec le sourire. Que nous riions ou que nous pleurions, la vie continue. Puisqu'il en est ainsi, ne vaut-il pas mieux vivre avec le sourire ? Un sourire est la musique de l'âme.

Comme toute autre décision, le bonheur est une décision. Si nous décidons d'être heureux quoi qu'il arrive, nous pouvons sans nul doute créer une atmosphère de joie dans notre vie. La seule présence d'un être toujours gai suffit à apporter la joie aux autres.

Certains diront : « Comment peut-on sourire quand on est confronté à une expérience douloureuse ou à un grave revers ? » Faire face aux difficultés avec le sourire ne signifie pas que nous ne traverserons jamais d'expériences douloureuses. Nous connaîtrons le chagrin et l'échec, mais sans jamais perdre notre courage, notre présence d'esprit et notre foi optimiste. Même s'il nous arrive de les perdre, soyons capables de les retrouver rapidement. Beaucoup de gens dépriment, blâment les autres et se désespèrent pour des échecs mineurs. Mais d'autres vont courageusement de l'avant, optimistes, alors qu'ils sont confrontés à d'intenses souffrances. C'est cela, sourire même dans les moments de crise.

Certains célèbrent même les catastrophes comme s'il s'agissait de fêtes. Le Seigneur Kṛiṣhṇa était bien connu pour son sourire qui ne le quittait jamais. Dans certains pays, les corps des défunts sont portés jusqu'au cimetière lors d'une procession accompagnée de chants et de danses. Ils transforment ainsi la mort elle-même en fête.

Certains argumentent en disant que ceux qui ont atteint les sommets de la spiritualité peuvent peut-être garder constamment le sourire mais qu'il n'est pas possible pour des êtres ordinaires d'accueillir la joie et douleur de manière égale avec le sourire. Sourire dans les moments de crise ne signifie pas réprimer la douleur mais ne pas s'effondrer, quelles que soient les circonstances. Il n'y a rien de mal à exprimer son chagrin quand on est triste, mais il s'agit de ne pas s'enliser dans cet état. Reprenons-nous et passons à autre chose.

Un sourire, ce n'est pas seulement un étirement des muscles du visage. Toute action bénéfique à soi-même et à la société est un sourire. Même si quelqu'un qui fait de bonnes actions ne sourit pas extérieurement, la bonté de son cœur est en soi un grand sourire. En réalité, il y a un sourire dans chacune de nos bonnes actions et de nos paroles aimantes. Le sourire qui jaillit d'un cœur plein de bonté console et inspire. C'est un remède qui guérit toutes les blessures.

75. La spiritualité

Mes enfants, la spiritualité, c'est la connaissance de soi. C'est la réalisation de sa vraie nature. À quoi sert-il d'être roi si on l'ignore ? Si des joyaux inestimables sont cachés sous la hutte d'un mendiant, il reste malgré tout un mendiant tant qu'il ignore l'existence de ce trésor. Telle est la situation de la plupart d'entre nous. Pour obtenir les richesses et les plaisirs des sens, les gens se font mutuellement du mal ; ils détruisent aussi la nature. Pour élever la conscience de telles personnes, il faut se mettre à leur niveau.

Un sorcier au costume étrange arriva un jour dans un village. Les villageois se moquèrent de lui. Quand leurs railleries augmentèrent, le sorcier se mit en colère. Il marmotta quelques mantras dans une poignée de cendres qu'il jeta dans le puits du village avec une malédiction : tous ceux qui boiraient l'eau du puits deviendraient fous. Les villageois perdirent donc tous la tête en buvant l'eau du puits. Seul le chef du village garda la raison car il ne buvait que l'eau de son propre puits. Tous les autres se mirent à crier ce qui leur passait par la tête, à danser et à chahuter.

Quand ils remarquèrent que le chef du village ne se comportait pas comme eux, ils furent étonnés. Son comportement était si différent du leur qu'ils en conclurent qu'il était fou ! Ils essayèrent de l'attraper et de l'attacher. C'était le chaos total ! Il réussit à s'échapper. Il se dit : « Tous les villageois sont fous. Si je me comporte différemment, ils ne me laisseront pas tranquille.

Si je dois rester vivre ici pour les aider, je n'ai pas le choix : je dois me comporter comme eux. Pour attraper un voleur, il faut s'habiller comme un voleur. » Le chef du village se mit à crier et à danser comme les autres. Les villageois étaient soulagés de voir que leur chef était devenu normal.

Le chef du village fit creuser un autre puits et encouragea les villageois à boire l'eau du nouveau puits. Peu à peu, ils retrouvèrent la raison.

Les *mahātmās* (êtres éveillés) sont comme le chef du village de l'histoire. Bien qu'ils aident les gens sans rien attendre en échange, certains se moquent d'eux et les traitent même de fous. Ces difficultés ne les troublent pas car ils accueillent pareillement les louanges et les insultes. Ils se mettent au niveau des gens et par leur exemple, ils enseignent à servir les autres sans attente et à aimer sans rien désirer.

La spiritualité ne consiste pas uniquement à croire en Dieu ou à accomplir des rites religieux. Si la religion doit devenir un pont qui relie les cœurs humains au lieu de créer des barrières entre les gens, il faut transcender les coutumes et les observances pour assimiler l'essence de la spiritualité. C'est seulement ainsi que le *dharma* (ce qui est juste, la Loi divine), les valeurs nobles et l'attitude du service désintéressé prévaudront dans la société. Mes enfants, les problèmes et les difficultés font partie de la vie humaine et sont inévitables. Il se peut que l'on chancelle face aux difficultés ou que l'on tombe dans le désespoir ou la peur. Mais n'oublions jamais que nous avons la force intérieure de surmonter les circonstances pénibles. On peut éveiller cette force intérieure grâce à une foi optimiste, en étant convaincu qu'il ne faut jamais désespérer.

76. La responsabilité des médias

Mes enfants, les journaux et la télévision sont maintenant une part indispensable de la vie. On peut même dire que les médias relient l'humanité dans le monde entier. Ce sont des miroirs de notre pays et du monde. Plus encore, ils sont un phare pour la société. Les médias modèlent l'opinion publique. Ils ont donc une grande responsabilité envers la société.

Les médias doivent devenir un instrument capable de raffiner l'esprit du public. L'augmentation de la violence, l'injustice, la corruption, les conflits et les autres problèmes, tout cela est notre propre création. C'est dans le mental que naît tout problème, quel qu'il soit. C'est la raison pour laquelle, notre premier devoir est de raffiner le mental.

La notion de *samskāra* inclut la bonté, les valeurs nobles, les traditions qui élèvent l'âme et la conscience de ce qui est juste. Le devoir des médias est de dévoiler la vérité et de mettre en lumière les mauvaises actions. Ils doivent enseigner au public à discerner entre le bien et le mal. La plupart des journaux et des autres médias n'ont pas aujourd'hui une attitude neutre quand ils présentent les informations et d'autres programmes ; ils prennent parti d'un côté ou de l'autre. Ceci est loin d'être idéal. Les médias devraient promouvoir le *dharma* (ce qui est juste, la Loi divine) et le *samskāra*. Ils doivent tirer de son sommeil la société endormie et inculquer le discernement et le *samskāra*.

Au lieu d'accorder une place indue aux tendances négatives et de créer ainsi la confusion, les médias doivent mettre davantage en avant ce qu'il y a de noble et d'exemplaire dans la société. Au lieu de chanter des berceuses qui plongent les gens dans un état de léthargie, les informations et les émissions de divertissement doivent les guider vers la musique éternelle de l'éveil.

L'Inde et sa terre ont un parfum unique : le parfum éternel de valeurs telles que le renoncement, l'amour, l'austérité et la spiritualité. Le lien d'amour entre parents et enfants, le respect que les gens portent aux gurus et de saines relations avec les voisins, tout cela constitue notre richesse. Même les différentes formes d'art étaient différentes formes d'adoration. Nous avons besoin de divertissements et de connaissance qui reconnaissent notre glorieux héritage, notre culture. C'est ainsi seulement que nous parviendrons à former une société exemplaire. L'imitation aveugle de l'Occident ne fera que drainer notre énergie.

La devise de l'Inde (Bhārat), c'est *satyam, śhivam, sundaram* : la Vérité, ce qui est propice, la beauté. La responsabilité fondamentale des médias est de trouver et d'interpréter la beauté de la vie humaine et de la nature. Seul ce qui est vrai et propice peut nous conduire à la véritable beauté. Concentrons-nous sur ce qui est bon et bénéfique à la société et non pas seulement sur ce qui est populaire.

Puissent les médias être capables de transmettre des connaissances et des distractions enracinées dans le *dharma* et le *samskāra* ; ils deviendront ainsi les moteurs d'une transformation de la société.

77. Tout accepter comme un cadeau de Dieu

Mes enfants, en cas d'échec, les gens ont naturellement tendance à blâmer les circonstances. Nous blâmons tous les autres ou les circonstances pour nos échecs, nos chagrins et nos difficultés. Mais si nous y réfléchissons, nous comprendrons que la cause fondamentale de tous nos problèmes se trouve en nous. Si nous sommes prêts à regarder à l'intérieur et à reconnaître nos faiblesses, nous serons capables de surmonter n'importe quelle situation.

Supposons que quelqu'un jette des ordures du haut des étages d'un immeuble juste au moment où nous passons. Les déchets tombent sur nous. Nous aurons peut-être une réaction de colère contre la personne qui a lancé les ordures aussi étourdiment. Mais si on comprend qu'elle ne les a pas lancés intentionnellement sur nous, on peut lui pardonner.

Cela dit, il y a des occasions où nous n'avons pas d'autre choix que d'accepter calmement la situation, même quand elle est défavorable. Imaginez par exemple qu'une mangue pourrie nous tombe sur la tête pendant qu'on se promène dans un verger de mangues : le jus putride nous coule sur le front et les joues. Si, pris de rage, on maudit la mangue et le manguier et que, toujours furieux, on maudit la loi de l'attraction terrestre, on se comporte comme un parfait imbécile car les mangues mûres tombent naturellement de l'arbre. Apprenons à accepter de telles situations sans la moindre réaction.

On peut résoudre la plupart des problèmes par ses propres efforts. Quand les autres font le mal, on peut réagir ou bien on peut leur pardonner ; nous avons la liberté de choisir. Mais il y a certaines situations qu'il faut accepter comme la volonté de Dieu ou considérer comme une part inévitable de la vie.

Quand on fait face à des échecs et à des problèmes, il ne s'agit pas de blâmer les circonstances ou les autres. Apprenons à surmonter nos propres faiblesses. Trouvons les véritables causes de nos échecs et de nos problèmes. En cas d'échec, ne désespérons pas mais redoublons d'efforts. Si nous n'avons pas le contrôle de la situation, il faut l'accepter au lieu de sombrer dans le désarroi. En toute circonstance, gardons notre présence d'esprit comme s'il s'agissait d'un joyau inestimable.

Quand on reçoit le *prasād*[12] du temple, il se peut qu'on y trouve de minuscules cailloux. On les enlève et on mange le *prasād* avec dévotion. Ainsi, nous devons être capable d'accepter n'importe quelle situation avec l'attitude de *prasāda-buddhi* : considérer qu'il s'agit d'un cadeau de Dieu. Une telle attitude renforcera en nous la maîtrise de soi et la pureté intérieure. De plus, nous réussirons ainsi à garder notre jovialité.

---

[12] Offrande faite à Dieu, le plus souvent de la nourriture, qui est généralement partagée ensuite entre les dévots comme une nourriture consacrée.

78. La peur

Mes enfants, pour une raison ou pour une autre, nous sommes constamment en proie à la peur et cela nous tue chaque minute. Dans l'état de veille comme dans le sommeil, la peur nous hante. Nous avons peur de faire ou de ne pas faire quoi que ce soit.

La peur s'empare de nous quand nous nous sentons incapables de résoudre les problèmes. Nous amplifions les problèmes que nous avons aujourd'hui et ceux que nous pourrions avoir demain, puis nous nous inquiétons. Mais en faisant courageusement un pas à la fois, nous verrons nos problèmes devenir plus gérables. Nos inquiétudes concernent surtout l'avenir. Mais si nous regardons le passé, nous verrons que la plupart de nos peurs étaient sans fondement.

Soyons bien ancrés dans la réalité. Une fois que l'on a compris la nature d'un objet, on ne le craint plus. On a besoin du feu pour cuisiner, pour se protéger du froid, pour éclairer l'obscurité et bien d'autres usages. Mais si on touche au feu, on se brûle la main. Si on comprend sa nature et comment l'utiliser correctement, il n'y a pas à craindre le feu. Ainsi, les Écritures nous disent de vivre en comprenant la nature du monde. Si notre vision de la vie est façonnée par la spiritualité, nous ne succomberons pas inutilement à la peur.

Nous ne pouvons pas renoncer complètement à nos besoins et à nos désirs, mais il s'agit de maîtriser les désirs. Si nous ne le faisons pas, la peur ne nous quittera jamais. Un homme fait un emprunt pour construire une maison mais il se retrouve dans l'incapacité de rembourser le prêt. Les intérêts se sont accumulés au point que, même en vendant la maison, il ne peut pas rembourser sa dette. S'il avait réfléchi avec prudence au moyen de rembourser son emprunt avant de le contracter, il aurait évité cette situation difficile. Il faut donc discerner entre ses besoins et ce qui est du luxe.

Quand la peur nous submerge, cela nous fait plus de mal que de bien. La peur peut pétrifier le mental et nous paralyser. Deux enfants nageaient dans une piscine. La mère d'un des enfants les accompagnait. Ils étaient dans le petit bassin où l'eau n'avait que soixante centimètres de profondeur. Les enfants mesuraient un mètre vingt, ils ne risquaient donc pas de se noyer. Pourtant, deux minutes après être entré dans le bassin, un des garçons appela à l'aide car il perdait pied. Alors la mère de l'autre garçon le releva et lui dit : « Regarde, ton ami nage sans crainte. Pourquoi as-tu paniqué ? »

L'enfant répondit : « J'ai pris peur en pensant que personne ne me sauverait si je me noyais. Mes jambes ont flageolé, j'ai eu le vertige et je me suis effondré. »

La femme demanda à son enfant : « Pourquoi n'as-tu pas eu peur ? »

« Tu étais juste à côté. Je savais que si je perdais pied, tu me sortirais de l'eau. Alors je n'avais pas peur », répondit son fils.

C'est la foi qu'il avait en sa mère qui donna au garçon confiance en lui et éveilla ses capacités. Pour lui, nager fut une expérience joyeuse.

Les bienfaits que nous retirons de la foi en Dieu sont similaires. Le Tout-puissant veille constamment sur nous et viendra à notre secours si un danger nous menace, ayons confiance en Lui. Cette foi nous donne la force d'affronter courageusement la vie. Quand la foi s'allie au discernement, la peur s'évanouit.

79. La peur et l'amour

Mes enfants, la peur est l'obstacle principal à la réussite. La peur nous enlève la capacité de mobiliser notre force et nos talents à notre usage. Mais il existe en nous une puissance spéciale qui peut triompher de la peur : l'amour. L'amour nous donne la force de surmonter tous les obstacles et d'avancer.

Il était une fois une veuve dans un village. Elle gagnait sa vie en vendant du lait dans la forteresse du roi. Un jour, elle monta comme d'habitude en haut de la montagne jusqu'à la forteresse pour vendre du lait. Mais quand elle eut terminé, les portes étaient déjà fermées. En pleurs, elle implora les gardes : « Mon enfant est seul dans la hutte. La nuit tombe. Si je ne rentre pas bientôt, il aura peur et pleurera. S'il arrive quelque chose à mon enfant, je n'y survivrai pas. Je vous en prie, ayez pitié de moi et laissez-moi quitter la forteresse. »

Mais les gardes n'étaient pas prêts à ouvrir les portes. Alors la laitière, désespérée, chercha un moyen de sortir de la forteresse.

Quand les portes de la forteresse ouvrirent le lendemain matin, la laitière était dehors et attendait d'entrer. Les gardes étaient stupéfaits. Ils ne comprenaient pas comment elle avait pu sortir. Ils emmenèrent cette femme devant le roi.

Le roi demanda à la laitière comment elle avait réussi à sortir du fort. Elle expliqua en détail ce qui s'était passé. Le roi alla avec elle voir l'endroit où elle était sortie. Il y avait une petite ouverture dans le mur du fort. Même en plein jour, il semblait impossible de descendre cette falaise abrupte. Le roi demanda à la laitière : « Quand tu as descendu la montagne dans le noir, est-ce que tu n'as pas eu un peu peur ? »

La laitière répondit : « Hier, je n'avais qu'une seule pensée, c'était d'aller retrouver mon enfant, d'une manière ou d'une autre. Je savais qu'il aurait peur en ne me voyant pas. J'ai tout oublié. Il n'y avait pas de place pour la peur dans mon cœur. »

Ni le danger ni les obstacles n'ont découragé la laitière. L'amour pour son enfant lui a donné la force de surmonter toutes les difficultés.

Quand le cœur est plein d'amour, si nous chérissons un noble idéal ou un but supérieur, aucun obstacle ne peut nous décourager. Même la peur de la mort ne nous fait pas reculer. L'amour nous donne la force d'affronter n'importe quel danger.

80. Karma-yōga

Mes enfants, tout le monde ici-bas est généralement plongé dans l'action. Chacun s'attend à recevoir les bénéfices de l'action. Si nous obtenons ce que nous désirons, nous sommes heureux. Sinon, nous sommes tristes. Quand l'attente d'un résultat spécifique est trop forte, on perd sa paix intérieure. Quand on s'angoisse au sujet du résultat d'une action, le mental est agité aussi bien pendant l'action qu'après. Le *Karma-yōga* est le moyen de transformer le *karma* (l'action), qui nous enchaîne à ce monde, en *karma-yōga* qui mène à la réalisation du Soi.

Il arrive que nous n'obtenions pas ce que nous avions espéré, bien que nous ayons travaillé dur. Imaginons un paysan qui travaille dur aux champs. Mais au moment de la moisson, de violentes pluies détruisent les récoltes. Nous comprenons ainsi que le fruit de nos actions ne dépend pas seulement de nos efforts. C'est pourquoi, dans la *Bhagavad-Gītā*, le Seigneur Kṛiṣhṇa accorde tant d'importance à *niṣhkāma karma,* i.e. l'action désintéressée.

À moins d'être libre d'attachement, on ne peut pas réussir dans le domaine de l'action. Souvent, notre attachement à certains individus ou objets nous empêche de remplir nos devoirs correctement. On peut en voir de nombreux exemples. Le chirurgien le plus expérimenté n'aura pas le courage d'opérer son épouse ou son enfant. Un juge équitable hésitera peut-être à juger son fils s'il est le premier accusé dans un cas de meurtre. Ces exemples illustrent à quel point notre attachement à des personnes affecte notre efficacité.

En réalité, ce n'est pas le *karma* qui nous lie mais la vanité que nous en tirons et le désir des fruits de l'action. Grâce au *karma-yōga*, on peut travailler avec le maximum d'efficacité sans être lié par l'action.

Amma se rappelle une histoire. Un homme mangea un jour trop de *ghee* (beurre clarifié) pendant une fête. Le lendemain, il eut une indigestion. Incapable de supporter le mal de ventre, il alla voir un médecin qui lui dit : « Apportez-moi un litre de *ghee* et je préparerai un remède avec ce *ghee.* »

L'homme était sidéré. Il dit : « Docteur, je souffre d'une indigestion parce que j'ai mangé trop de *ghee.* Voulez-vous aggraver mon état en me faisant consommer encore plus de *ghee* ? »

Mais le médecin insista et le malade, bien que réticent, lui apporta un litre de *ghee.* Le médecin y ajouta quelques herbes et lui indiqua des doses spécifiques à prendre. L'homme se rétablit.

Ainsi, les actions accomplies sans soin ou avec la mauvaise attitude ont pour conséquence une vie malheureuse. Mais la solution se trouve aussi dans l'action, mais l'action accomplie sans ego ni attachement. Le *karma* n'est pas dangereux si l'attitude qui le gouverne est juste. Il sera bénéfique au monde.

Le *karma yōgī* sait que le résultat de l'action n'est pas entre ses mains et qu'il n'est qu'un instrument entre les mains de Dieu. Il accomplit donc toute action, quelle qu'elle soit, avec la plus grande sincérité et en accepte le résultat, quel qu'il soit, comme la volonté de Dieu. Il ne s'inquiète donc pas du résultat de l'action.

Le *karma-yōga* est la façon la plus pragmatique de travailler. C'est la voie qui mène au but ultime de la libération spirituelle. Puissent mes enfants avoir la force d'avancer sur ce chemin.

81. La jeunesse et la drogue

Mes enfants, l'addiction à la drogue est un des plus gros pièges auxquels la jeunesse est aujourd'hui confrontée. Les parents envoient leurs enfants à l'école dans l'espoir qu'ils deviendront quelqu'un dans la vie. Mais il arrive que les enfants aient de mauvaises fréquentations et deviennent esclaves de mauvaises habitudes. Au lieu de devenir le soutien et le réconfort de leurs parents et d'être la fierté de la nation, les jeunes gens se détruisent et font du mal aux autres.

L'idée que la drogue peut apporter le bonheur est un mythe. Essayer de trouver le bonheur dans les objets extérieurs revient à essayer d'alimenter un feu en soufflant sur une luciole !

Il était une fois dans un village un garçon sérieux qui travaillait dur pour ses études. Il n'avait pas de mauvaises habitudes et ne faisait pas de dépenses inutiles. Si ses parents lui donnaient de l'argent de poche, il le donnait à des élèves pauvres pour qu'ils puissent payer leurs frais de scolarité ou bien il payait leurs livres de classe ou leurs uniformes. Tout le monde l'admirait.

Un jour, quelques-uns de ses camarades le persuadèrent de les accompagner au cinéma. En rentrant, ils se mirent à fumer et lui offrirent une cigarette. Quand il refusa, ils lui demandèrent d'essayer juste une fois. Et après la première cigarette, ils l'encouragèrent à en fumer d'autres. Il se dit qu'il n'y avait pas de mal à fumer une ou deux cigarettes.

Une autre fois, ils insistèrent pour qu'il boive de la bière. Et bientôt, il prit l'habitude de fumer, de boire et de se droguer. Pour pouvoir s'offrir tout cela, il demandait de l'argent à ses parents. Ce garçon, qui touchait les pieds de ses parents avec révérence chaque matin avant d'aller à l'école, perdit tout respect pour eux. Il se disputait tous les jours avec eux en leur demandant de l'argent. Mais quelle que soit la somme qu'il recevait, cela n'était jamais assez. Il finit par se mettre à voler et à extorquer de l'argent.

Un jour, il était drogué et attaqua un homme qui en mourut. Le garçon fut condamné et envoyé en prison. Il avait été le favori des villageois, de ses professeurs et de ses camarades. Mais quand il devint un voleur, un voyou et une menace pour la société, ils le détestèrent.

L'amitié est comme un ascenseur qui peut vous faire monter ou descendre selon le bouton sur lequel vous appuyez. La bonne compagnie nous fait progresser vers un avenir brillant tandis que la mauvaise compagnie nous conduit à la chute et à la ruine. Quand on voit une flaque d'eau stagnante sur le chemin, on l'évite soigneusement. De même, si des êtres égarés tentent de se lier d'amitié avec nous, il faut s'en écarter avec sagesse.

82. La corruption

Mes enfants, le nombre de gens religieux augmente dans notre pays. Les lieux de culte sont de plus en plus fréquentés. Pourtant, la corruption et la détérioration des valeurs deviennent endémiques dans la société. Il y a une augmentation des agressions sexuelles contre les femmes et des actes de violence. Certains demandent comment on peut expliquer cette contradiction.

La corruption existe, sous une forme ou sous une autre, non seulement en Inde, mais dans le monde entier. C'est juste une question de degré. Les gens croient en Dieu mais leur connaissance des principes spirituels est limitée. Leur conscience religieuse se borne à prier pour la satisfaction de leurs désirs et à célébrer les fêtes et les rituels religieux. La vision du monde dominante, celle qui dit que le but de la vie est de gagner le plus d'argent possible afin de goûter les plaisirs matériels, a aujourd'hui gagné en force. Ainsi, bien que le nombre des croyants augmente, nous ne voyons pas dans la société un accroissement correspondant à des effets bénéfiques de la dévotion. Pourtant, on ne peut pas non plus affirmer que la croyance en Dieu n'a apporté aucun changement dans la société. C'est grâce à la foi que le *dharma* (ce qui est juste, la Loi divine) prévaut encore dans le monde dans la mesure où il le fait.

Inutile de se lamenter sur la décadence actuelle de la société. Avant de critiquer les autres, il faut d'abord s'examiner soi-même. Regardons à l'intérieur, prenons conscience de nos défauts et efforçons-nous sincèrement de les corriger.

Il était une fois un pauvre paysan qui vendait du beurre au propriétaire d'une boulangerie près de chez lui. Au bout de quelque temps, le boulanger eut un soupçon : il lui semblait que le fermier lui donnait moins de beurre qu'auparavant. Il pesa le beurre et constata qu'il y avait une différence importante. Il porta plainte contre le pauvre éleveur, affirmant que celui-ci le trompait. Le pauvre homme fut convoqué au tribunal où le juge ordonna que l'on apporte la balance du fermier. Celui-ci déclara avec sérieux : « Monsieur, je n'ai pas de balance ni de poids. J'achète du pain à sa boulangerie. Je lui donnais en beurre le même poids que pesait le pain. Si la quantité de beurre a diminué, c'est le boulanger qui en est responsable. »

Inutile d'attendre que les autres s'améliorent avant de chercher à se corriger. Il faut d'abord changer soi-même. Chacun doit devenir un modèle pour les autres parce que, consciemment ou non, quelqu'un nous prend pour exemple.

Le bien et le mal commencent à la maison. Les parents doivent devenir des modèles pour leurs enfants. Le foyer familial et l'école doivent créer un environnement favorable à l'inculcation des valeurs universelles. Nous pourrons alors dans une certaine mesure éliminer la corruption qui existe dans toutes les sphères de la société. Ainsi les générations futures au moins seront libérées des griffes de la corruption.

83. La jeunesse

Mes enfants, la jeunesse est la période la plus dynamique de la vie humaine. Les jeunes ont de l'énergie et de l'enthousiasme. Ils aspirent à s'engager dans des activités et à accomplir de grandes choses. La jeunesse est aussi la période où l'on est idéaliste. Le seul problème est que les actions vives et impulsives des jeunes révèlent parfois un manque de patience et de maturité. Les jeunes ont des connaissances mais ils agissent sans conscience. Tant qu'il nous manque le discernement, notre connaissance est imparfaite, comme une fleur sans parfum ou un mot dénué de sens. La véritable transformation se produit quand la connaissance s'unit à la conscience.

La société peut accomplir de grandes choses grâce aux jeunes, à condition qu'on leur donne la connaissance et l'orientation adéquates et que leur énergie soit utilisée correctement. Swāmī Vivēkānanda était une grande personnalité qui avait compris le potentiel de la jeunesse et qui s'efforçait de canaliser leurs forces dans la bonne direction. Il n'est pas surprenant que le mélange de sagesse, de courage, d'idéalisme et le désir ardent de contribuer au bien de la société qui le caractérisaient, aient fait de lui un modèle pour la jeunesse.

La paresse, le manque de confiance en soi et la peur de l'échec sont ce qui nous retient. On peut en triompher grâce à une volonté indomptable, à la connaissance juste et à des efforts inlassables. Les jeunes doivent se rendre compte que la vieillesse les attend dans un avenir qui n'est pas trop lointain. Ils doivent faire le nécessaire pour que leur vie s'épanouisse pendant qu'ils sont encore jeunes et en bonne santé.

Les jeunes ont de la vigueur et de la vitalité. Si leur énergie est canalisée dans la bonne direction, ils peuvent faire des merveilles dans le monde. Si les jeunes changent, le monde changera. Pour mettre à profit la puissance de la jeunesse afin de transformer la société, il faut d'abord nourrir en eux la concentration sur le but (*lakṣhya-bōdha*). Leur but dans la vie ne devrait pas se limiter à trouver un bon emploi et à mener une vie confortable. Il ne suffit pas d'attraper du poisson à la surface de l'océan. Il faut plonger profondément dans la vie afin de recueillir des perles précieuses.

Les jeunes doivent avoir la capacité de transformer la société de manière créative et de s'épanouir dans la vie. Il leur faut à la fois des connaissances matérielles et une perspective spirituelle. Il faut que leur cœur ait de l'empathie pour les gens qui souffrent autour d'eux. Ils doivent acquérir la force spirituelle d'affronter hardiment les difficultés, sans se décourager. Les grandes réalisations ne sont possibles que grâce au sacrifice. Ils doivent donc être prêts à traverser des difficultés et à faire des sacrifices. Ils doivent acquérir le courage de reconnaître et d'assimiler ce qui est bon, où que ce soit, et de se détourner du mal.

La culture de notre pays peut nous aider à y parvenir. L'Inde est le pays natal de nombreux êtres qui sont des modèles idéaux, tel Vivēkānanda. Les sages nous ont donné la connaissance qui permet de surmonter toute souffrance. Il suffit d'orienter l'attention de nos jeunes vers cette richesse inestimable.

Quand la connaissance est associée au discernement, toutes nos capacités intérieures augmentent et on trouve l'amour, la paix, le bonheur, on réussit sa vie.

84. Soyez reconnaissants

Mes enfants, la gratitude est une des nobles qualités que tout être humain doit posséder. Il y a derrière chacun de nos succès les encouragements, l'aide et les conseils de nombreuses personnes. Ayons de la gratitude envers chacun d'eux. C'est la grâce de Dieu qui permet à tout effort d'aboutir, alors soyons aussi reconnaissants à Dieu. On peut apprendre de nombreuses leçons grâce aux expériences amères qu'apporte la vie. Elles nous rendent plus pur et plus fort. Alors nous devrions aussi être reconnaissants envers la vie même.

Un mendiant trouva un jour un sac de pièces d'or anciennes au bord du chemin. Il alla au palais et donna le sac au roi qui se rendit compte qu'il s'agissait des précieuses pièces d'or qu'il avait perdues des années auparavant. Le roi était enchanté. Satisfait de l'honnêteté du mendiant, le roi le nomma ministre, responsable du trésor royal. Les autres ministres étaient très mécontents.

Quelques jours plus tard, ils rapportèrent au roi que de nombreux objets disparaissaient du trésor royal et affirmèrent que le nouveau ministre en était responsable. Chaque jour, le nouveau ministre arrivait au palais et en repartait en portant un baluchon. Les autres ministres affirmèrent que ce baluchon contenait des objets volés dans le trésor et que le nouveau ministre rapportait ce butin caché chez lui. Le roi trouva cela difficile à croire. Il décida d'aller vérifier lui-même.

Le lendemain, le roi se cacha sur la galerie du trésor. Comme d'habitude, le ministre arriva dans la salle. Il ouvrit le baluchon et en sortit de vieux haillons. C'étaient les vêtements qu'il portait quand il était mendiant. Il enfila les vêtements déchirés du mendiant, se mit devant un miroir et se dit à lui-même : « Par la grâce de Dieu, tu es devenu ministre. Sois toujours reconnaissant de cela. Il se peut que tu perdes demain tout ce pouvoir et ce prestige. Le changement est la nature du monde. Accueille toutes les expériences que la vie te donne. Sois reconnaissant envers la vie. »

Touché par ces paroles, le roi descendit aussitôt de la galerie et étreignit le ministre avec affection. Comme il n'y avait pas d'héritier du trône, le roi choisit ce ministre comme successeur.

Comme le ministre de l'histoire, ayons toujours le cœur rempli de gratitude. Le succès, grand ou petit, ne doit pas nous rendre arrogant. Soyons toujours reconnaissants à ceux qui nous ont guidés, aux circonstances qui ont mené à notre réussite et par-dessus tout, à Dieu. Le contentement et la gratitude devraient être les signes distinctifs de notre vie.

85. La science et la spiritualité

Mes enfants, la science et la spiritualité s'efforcent toutes deux de découvrir la réalité sous-jacente à l'univers. La science le fait en cherchant à l'extérieur, la spiritualité en cherchant à l'intérieur. La science considère l'objet de l'investigation comme séparé de celui qui investigue. Nous percevons le monde à travers les organes des sens, le mental et l'intellect. On ne peut connaître aucun objet sans recourir aux organes des sens, au mental et à l'intellect.

Une fourmi ne voit pas un éléphant de la même manière qu'un humain. Son sens de la vue est différent du nôtre et donc, elle ne peut pas voir la forme réelle d'un éléphant. De même, un cafard verra un éléphant d'une autre manière encore. De cela, on peut conclure que notre impression de l'univers dépend de nos organes des sens, du mental et de l'intellect qui sont limités. Il ne s'agit pas d'une image exacte.

L'univers qui nous entoure est un flot constant. Une graine est semée dans la terre, puis elle grandit et devient un arbre. L'arbre aussi finit par mourir. Un pot est fait d'argile. Quand le pot est détruit, il redevient argile. En vérité, rien n'est détruit, seuls les attributs changent. Au milieu de tout ce changement, il existe quelque chose qui demeure immuable, le substrat, la pure Conscience, qui est sans attribut.

Les découvertes et les théories de la science se fondent sur la connaissance limitée de leur époque. Les postulats d'aujourd'hui peuvent donc s'avérer faux demain. Il se peut qu'on découvre aujourd'hui un nouveau médicament. On découvre ensuite qu'il a des effets secondaires. Quand il est retiré de la vente, il se peut que nombre de gens aient frôlé la mort en prenant le médicament.

En ce sens, l'histoire de la science est une saga ininterrompue d'essais, d'erreurs et de nouvelles découvertes. Peu importe le nombre de découvertes faites par la science, il restera toujours beaucoup plus à découvrir. En l'absence d'un juge, deux avocats auront beau plaider, le procès n'aura jamais de fin. Dans la quête de la découverte de la vérité de l'univers, la spiritualité joue le rôle du juge. Avec la spiritualité, la quête est couronnée de succès. Le substrat de l'univers est la conscience et nous ne sommes rien d'autre. Quand on réalise que l'univers est une manifestation de cette conscience, la quête de la vérité s'achève.

86. Voir Dieu en tout

Mes enfants, beaucoup de gens se demandent si les coutumes et les traditions de l'Inde ne sont pas primitives. Au premier regard, cela peut paraître vrai ; mais si nous comprenons et assimilons les principes et les idéaux sous-jacents à ces pratiques, nous verrons qu'elles sont en fait bénéfiques et ont un sens. Sinon, ces rituels seraient simplement des pratiques vides de signification.

C'est la conscience divine qui donne vie à tout ce qui existe dans la nature. Dieu est l'essence de tous les êtres, animés ou inanimés. La nature est une manifestation de Dieu. Les sages de jadis avaient réalisé la vérité et voyaient la conscience divine en toute chose. Ainsi, l'adoration des oiseaux, des animaux, des arbres, des montagnes, des rivières et des forêts devint partie intégrante de notre culture. Il n'existe rien dans l'univers qui ne soit pas digne d'adoration car Dieu demeure en tout. Adorer toute chose en tant que manifestation de Dieu, sans distinguer entre supérieur ou inférieur, est une voie facile pour réaliser la nature omniprésente de Dieu.

Si Dieu est parfait et complet, alors sa création aussi est parfaite et complète. Avec la flamme d'une lampe, on peut allumer mille autres lampes. Elles brilleront avec le même éclat que la première. Peut-on isoler une lampe et la déclarer imparfaite ou incomplète ? Dans cet univers il n'y a rien que l'on puisse considérer comme bas ou ignoble car Dieu est présent en tout. Cela dit, il faut des yeux capables de percevoir cette perfection.

Toutes les créatures dans la nature sont reliées. Quand elles coexistent harmonieusement, la vie devient joyeuse. L'être humain ne peut survivre que grâce à la flore et à la faune. Sans elles, il ne peut pas y avoir d'humanité, pas de culture humaine. Toutes les autres créatures maintiennent l'équilibre de la nature, seul l'être humain le rompt. Par égoïsme, par désir excessif de plaisir, il nuit à tout ce qui existe dans la nature et tue même ses frères humains. L'être humain est la seule fausse note dans la mélodie harmonieuse de la nature.

Nos ancêtres avaient compris que chaque créature joue un rôle important dans le maintien de l'équilibre naturel. C'est pourquoi ils conçurent des méthodes pragmatiques pour protéger les oiseaux, les serpents, les arbres et les bosquets. Les traditions et les rituels qu'ils nous ont légués étaient faits pour maintenir l'équilibre de la nature. Aucune de ces pratiques ne pollue la nature. Ils créèrent une culture qui considère la nature comme notre Mère et La protège. Cette culture enseigne à aimer et à servir tous les êtres.

En réalité, qu'y a-t-il de mal à vénérer les animaux ? Sous bien des aspects, ils sont plus évolués que les humains. Beaucoup d'animaux ont des sens de la vue, de l'ouïe et de l'odorat plus puissants que ceux des humains. Les oiseaux et les bêtes pressentent les catastrophes naturelles avant les humains et se réfugient dans des lieux sûrs. L'être humain peut apprendre des fourmis des leçons d'unité et d'enthousiasme. Comment peut-on considérer autrement qu'avec respect et révérence les créatures, les arbres, les montagnes et les forêts qui donnent à la vie son caractère bénéfique pour nous?

Nos ancêtres touchaient la terre avec respect dès qu'ils se réveillaient. Apprenons à nous incliner devant tout objet que nous utilisons. Si nous sommes capables de voir toutes les créatures comme des manifestations de Dieu, notre cœur s'ouvrira.

Nous éprouverons de l'amour pour tous. Nous ouvrirons notre cœur à la flore et à la faune. Nous acquerrons l'humilité de nous incliner même devant une fourmi. Nous ferons l'expérience de la conscience divine et de sa présence en toute chose. La plus grande des pratiques spirituelles est de voir Dieu en tout. C'est aussi la réalisation ultime.

87. Vasudhaiva Kuṭumbakam – Le monde est une famille

Mes enfants, la survie du monde dépend de l'amour et de la compassion. Dans le monde actuel, il y a de nombreuses vagues de colère, de haine et d'égoïsme mais à certains endroits surgissent aussi des flots d'amour, de compassion et d'altruisme. Ce sont les vibrations de compassion qui maintiennent l'équilibre du monde.

De nombreuses espèces d'oiseaux et d'animaux sont au bord de l'extinction. Bien que ce soit un problème sérieux, nous n'avons pas conscience d'un problème bien plus grave encore : la quasi-disparition des êtres compatissants. Certes, il est vrai que cette espèce n'a pas encore disparu, mais les cœurs pleins de bonté sont en voie d'extinction rapide. Réveillons-nous et réfléchissons aux conséquences. Beaucoup d'entre nous sont fiers des grandes avancées intellectuelles de l'humanité mais le cœur s'est desséché et nous n'en avons pas conscience.

Des élèves d'une école pour enfants handicapés mentaux présentaient une pièce de théâtre. Dans une des scènes, on voyait un mendiant demander un abri pour la nuit car il fait un froid glacial. Il frappe à la porte d'une maison de maître mais les habitants le disputent et le chassent. Blessé, il part. Devant cette scène, un des enfants handicapés mentaux qui se trouvait dans le public fut ému. Il monta sur la scène et dit : « Ne sois pas triste. Viens chez moi, il y a la place dans ma chambre pour une autre personne. » Alors le public, touché par l'innocence de ces paroles, applaudit pour le féliciter. Bien des gens eurent les larmes aux yeux. Combien d'entre nous, si fiers de notre intelligence, ont autant de compassion que cet enfant handicapé ?

La société est aujourd'hui prise au piège de l'égoïsme et de l'avidité. L'amour et la compassion ne sont pas faits pour se limiter à notre famille et à nos amis. L'amour, c'est voir que l'autre est moi-même. Quand la notion du « moi » disparaît complètement, l'amour se transforme en compassion. Quand on pense « ma maison » ou « les miens », les autres sont exclus. Si, au contraire, on perçoit que nous sommes tous un, comme des perles enfilées sur le fil de la vie, alors tous sont « les nôtres ».

Quand l'amour déborde vers tous les êtres de l'univers, le monde entier forme une seule famille. C'est ce que voulaient dire nos ancêtres en déclarant : *vasudhaiva kuṭumbakam.*

88. La paix universelle

Mes enfants, dans l'ensemble, les gens sont aujourd'hui mécontents et perturbés. Le mental humain est rempli de peur et de soupçon. Si l'occasion se présente, les peuples et les nations se piétinent et se détruisent mutuellement. L'égoïsme et l'orgueil ont transformé la vie en champ de bataille. Tel est le monde où nous vivons.

Cela ne signifie pas que la bonté a complètement disparu de ce monde. Beaucoup de gens œuvrent inlassablement pour le bien de l'humanité. Néanmoins, le mal progresse et la bonté ne s'épanouit pas suffisamment pour tenir en échec le bourgeonnement du mal.

Un homme riche rencontre un de ses amis après un intervalle de plusieurs années. Il dit à son vieil ami : « Allons passer un moment dans le parc à côté. » En chemin, le riche dit : « Nous avons joué et grandi ensemble. Nous avons fréquenté la même école. Mais il y a un monde de différence entre nous maintenant. »

Son ami ne répond rien. Un peu plus tard, le riche s'arrête soudain. Il ramasse une pièce de cinq roupies et dit : « Elle est tombée de ta poche. » Ils continuent à marcher. Tout à coup, l'ami s'arrête et se dirige vers un buisson épineux. Un papillon, prisonnier des branches épineuses, bat désespérément des ailes. Lentement et avec grand soin, l'ami libère le papillon et le regarde s'envoler joyeusement dans le ciel. Alors le riche demande : « Comment le papillon a-t-il attiré ton attention ? »

L'ami répond : « Comme tu l'as dit, il y a une immense différence entre nous. C'est que tu entends le tintement d'une pièce tandis que j'entends le battement du cœur. »

Regardez la différence entre les deux attitudes. Nos pensées et nos actions déterminent notre *samskāra* (notre état d'esprit) et notre personnalité. Dès l'enfance, il faudrait faire prendre conscience à tout être humain du bien que génèrent l'amour et la coopération et des catastrophes engendrées par la haine et les conflits.

Efforçons-nous de comprendre les sentiments des autres et d'agir en conséquence. Chaque nation devrait devenir les yeux, les oreilles, la voix, le cœur, le mental et le corps des autres nations. C'est seulement ainsi qu'elle pourra comprendre les souffrances et les difficultés des autres pays et réagir de façon appropriée. C'est seulement alors que le monde pourra croître comme une seule entité. Seule une telle croissance peut apporter l'égalité, un sentiment de parenté et la paix.

Le chemin de la paix

Mes enfants, Amma est triste en voyant l'état du monde aujourd'hui. Partout on verse le sang, partout on pleure. On n'a même pas pitié des petits enfants. Combien d'innocents meurent chaque jour dans les guerres et les attaques terroristes dans différentes parties du monde ! Il y avait aussi des guerres dans le passé. Mais à l'époque, les combattants respectaient des règles, comme par exemple ne pas attaquer une personne désarmée et ne pas combattre après le coucher du soleil. Mais aujourd'hui, n'importe quelle atrocité, n'importe quel acte contraire au *dharma* est considéré comme acceptable. L'égoïsme et l'orgueil gouvernent le monde.

La cause fondamentale de toute cette destruction, c'est l'ego. Deux types d'ego infligent la pire destruction : un, l'ego du pouvoir et de l'argent ; deux, l'ego qui dit : « Seul mon point de vue est vrai. Je ne tolèrerai pas une autre perspective. » Il est impossible de vivre en paix à moins de se libérer de tels ego.

Tous les points de vue sont importants. Il faut respecter le point de vue de chacun et essayer de le prendre en compte. Si nous le faisons, nous pouvons mettre fin à ces guerres insensées et aux effusions de sang.

Pour comprendre et respecter le point de vue d'autrui, il faut éveiller l'amour qui sommeille en soi. Beaucoup d'entre nous manifestent un grand intérêt pour les langues étrangères. Mais aucun autre langage que celui de l'amour ne nous aidera à nous comprendre réellement. Nous avons complètement oublié ce langage.

Amma se rappelle un incident. Des bénévoles d'une organisation humanitaire allèrent trouver un riche homme d'affaires afin de solliciter des fonds pour leurs activités. Ils décrivirent longuement le triste sort de ceux qui souffraient. Leur description aurait fait fondre le cœur de n'importe qui mais leurs propos n'intéressaient pas l'homme d'affaires. Déçus, les bénévoles se levèrent pour partir ; l'homme d'affaires dit alors : « Attendez. Je vais vous poser une question. Si vous donnez la bonne réponse, je vous aiderai. J'ai un œil artificiel. Pouvez-vous dire lequel ? »

Ils examinèrent attentivement ses yeux. L'un d'entre eux dit : « L'œil gauche est artificiel. »

« Étonnant ! Jusqu'à présent, personne n'avait été capable de détecter l'œil artificiel qui a coûté très cher. Comment avez-vous trouvé ? »

Le bénévole répondit : « J'ai regardé profondément dans chacun de vos yeux. J'ai vu une trace de compassion dans l'œil gauche tandis que l'œil droit avait la dureté d'une pierre. Voilà pourquoi j'ai eu la certitude que l'œil réel était le droit ! »

Cet homme d'affaires est le symbole de notre époque. Les têtes sont chauffées par l'orgueil et les cœurs glacés par l'égoïsme. Il ne devrait pas en être ainsi. Le cœur devrait être chaud d'amour et de compassion. La tête devrait être froide, avoir la vastitude de la sagesse.

L'amour et la compassion sont notre plus grande richesse, mais nous avons perdu cette richesse. Ni nous ni le monde ne pouvons survivre à moins de restaurer la tendresse de l'amour dans notre regard. Il s'agit d'éveiller en nous cette tendresse.

La paix et le contentement

Mes enfants, nombreuses organisations et personnes œuvrent inlassablement en faveur de la paix et du bonheur dans le monde. Malgré cela, la bonté n'a pas été assez forte pour résister à la prolifération du mal. Nous avons oublié l'amour, le respect et la confiance que les humains devraient manifester les uns envers les autres. Chacun ne pense qu'à satisfaire ses désirs à tout prix.

Nous dépensons des millions pour la défense nationale et pour les guerres. Des milliers de vies sont sacrifiées. Si nous consacrions une fraction de cet argent et de ces efforts à promouvoir la paix dans le monde, nous réussirions sans aucun doute à maintenir la paix et l'harmonie.

Nous avons oublié cette vérité fondamentale : le mental humain est la cause de tous les problèmes dans le monde et le monde ne s'améliorera que si le mental s'améliore. La religion et la spiritualité contribuent à transformer la colère en compassion, la haine en amour et la jalousie en sympathie. La société est composée d'individus. C'est le conflit existant dans le mental humain qui mène à la guerre. Quand les individus changent, la société change automatiquement. Au lieu de ruminer la haine et le désir de vengeance, cultivons l'amour et la paix dans le mental. Il nous suffit d'essayer.

Ce n'est pas le temps qui engendre le changement, mais les cœurs pleins de compassion. Il nous faut nourrir, cultiver de tels cœurs. Cela devrait être notre but primordial.

Essayons de cultiver un cœur capable de pardonner et d'oublier ; nous donnerons ainsi une nouvelle chance de survie au monde. Il ne sert à rien d'exhumer le passé. Cela ne bénéficiera ni au monde ni aux populations. Abandonnons la voie de l'inimitié et évaluons de manière impartiale l'état des choses dans le monde. C'est ainsi seulement que nous trouverons la voie qui conduit à une amélioration.

Nous vivons à l'époque de l'unité. Nous n'atteindrons les buts que nous nous sommes fixés qu'à condition de travailler ensemble. Le monde a aujourd'hui besoin d'êtres qui fassent preuve de noblesse dans leurs paroles et leurs actions. Si nous avons de tels modèles, capables d'inspirer leurs frères et sœurs humains, les ténèbres qui enveloppent la société s'évanouiront devant la lumière de la paix et de l'harmonie.

Puisse l'arbre de notre vie être fermement enraciné dans la terre de l'amour. Puissent les bonnes actions en être les feuilles et la paix le fruit. Puisse le monde devenir une famille unie dans l'amour. Puissions-nous devenir les fiers dépositaires d'un monde éclairé par la paix et le contentement.

Le monde est une fleur

Le monde actuel est comme un oiseau calao qui a soif de l'eau de pluie claire de l'amour et de la paix. Les affrontements, les attaques terroristes et les guerres sont des évènements quotidiens dans un endroit ou l'autre du monde. En ce moment même, des vies innombrables sont sacrifiées.

Pour mettre fin à ce sacrifice humain insensé, il faut d'abord en comprendre les causes. Pour éviter les attaques terroristes, on a mis en place des mesures de sécurité dans les aéroports et autres lieux publics. Des vérifications de sécurité strictes sont devenues obligatoires. Tout cela est très bien. Mais cela ne constitue en aucun cas une solution permanente. Il existe un autre explosif, plus mortel qu'une bombe et qu'aucune machine ne peut détecter. C'est la haine, l'hostilité et l'inimitié qui demeurent dans le mental humain.

Amma se rappelle une histoire. Un chef de village célébrait son centième anniversaire. Un journaliste lui demanda : « Vous avez cent ans. Quelle est la réussite dont vous êtes le plus fier ? »

Le chef répondit : « J'ai vécu cent ans, mais je n'ai pas un seul ennemi. »

« C'est magnifique, s'exclama le journaliste, tout le monde devrait suivre votre exemple ! Dites-nous comment vous avez réussi cet exploit. »

Le chef de village répondit : « Oh, c'est simple, je ne laisse aucun de mes ennemis rester en vie ! »

C'est ainsi que beaucoup de gens dans le monde se débarrassent de leurs ennemis. Mais il existe un autre moyen de détruire l'ennemi, c'est de transformer l'adversaire en ami, en ouvrant son cœur et en exprimant de l'amour pour l'ennemi. Alors il se produira sans nul doute un changement dans le cœur de l'ennemi. Sans patience et sans amour, il sera difficile d'établir la paix et l'harmonie dans la société.

La haine, la rivalité et les conflits sont la nature du monde. Certains déclareront peut-être qu'il est impossible de changer cela. Ce n'est pas vrai. La nature fondamentale de l'être humain, c'est l'amour et la bonté. Donc, si nous essayons, nous pouvons remplacer ces émotions par l'amour et la compassion.

Il nous faut allumer la flamme de l'espoir et de la consolation dans le cœur des victimes des guerres et des conflits. Soyons prêts à aimer avec nos cœurs et à servir avec nos bras. Quand on est prêt à ouvrir son cœur afin de comprendre les autres et de prendre part à leur souffrance, nos propres faiblesses disparaissent une par une. Peu à peu on s'améliore, on grandit et la société avec nous.

Imaginez qu'un ami qui vous est cher et que vous n'avez pas vu depuis longtemps vienne vous rendre visite. Vous allez sauter de joie. Vous ferez tous les préparatifs nécessaires pour le recevoir. Vous nettoierez la maison et la décorerez, vous préparerez un repas somptueux et vous l'attendrez avec impatience. C'est avec cette attitude que nous devrions accueillir chaque instant de la vie. Que chaque instant soit consacré à servir les autres avec joie et enthousiasme ; alors nous en recevrons tout le bénéfice possible.

Quand la bonté qui est en nous s'éveillera, la société s'éveillera. La paix et le contentement prévaudront. Nous verrons le monde entier comme une fleur et chaque être dans le monde comme un pétale de cette fleur, sans les divisions causées par les nations et les langues. Nous verrons partout la beauté, nous verrons l'unité dans la diversité. Le monde entier deviendra une seule famille.

89. La dévotion et la vie

Mes enfants, beaucoup d'entre nous ne pensent à Dieu que quand ils ont des problèmes. Notre dévotion est limitée ; nous prions Dieu et Lui faisons des offrandes afin qu'Il résolve nos problèmes et satisfasse nos désirs. Le reste du temps, nous oublions complètement Dieu. On ne peut pas appeler cela de la dévotion. La vraie dévotion n'est pas une occupation à temps partiel. Un dévot pense à Dieu en toutes circonstances.

Les gens faisaient la queue devant un magasin pour faire leurs emplettes. Le commerçant s'affairait à emballer leurs achats. Soudain, il cessa de travailler, ferma les yeux et joignit les mains. Un peu plus tard, quand il ouvrit les yeux, un des clients, en colère, demanda : « Mais qu'est-ce que vous faites là ? Ce n'est pas conforme au *dharma* ; vous êtes là, les yeux fermés, alors que nous sommes si nombreux à attendre ? »

Le commerçant répondit calmement : « Vous n'avez pas entendu le son de la cloche du *dīpārādhana*[13] en provenance du temple voisin ? Dès que j'ai entendu la cloche sonner, j'ai fermé les yeux un moment pour prier. »

Les clients attroupés devant le magasin dirent : « Nous n'avons pas entendu la cloche du temple. »

Alors le commerçant ne dit rien et reprit son travail. Un peu plus tard, il prit une pièce de monnaie et la jeta dehors dans la rue. Personne ne remarqua ce qu'il faisait, mais tout le monde

---

[13] Rituel d'adoration au cours duquel on décrit des cercles avec du camphre enflammé..

entendit le tintement de la pièce qui tombait par terre et se retourna pour regarder. Quelques-uns se précipitèrent même pour la ramasser. Le commerçant dit alors : « Voyez, quand la cloche du temple a sonné fort, aucun d'entre vous ne l'a entendue. Mais dès que vous avez entendu le léger tintement de la pièce qui tombait par terre, votre attention s'est tournée dans cette direction. »

Ceux qui étaient venus acheter des produits dans le magasin étaient concentrés sur la richesse et les objets de ce monde. Ils ont donc facilement détecté le son de la pièce qui tombait. Mais pour le commerçant, Dieu était le centre de sa vie. C'est pourquoi, alors qu'il était en plein travail, son attention était fixée sur Dieu. Si la personne qui nous est la plus chère a été hospitalisée, nos pensées vont vers elle, même si nous sommes au bureau. Ces pensées forment un courant sous-jacent à toutes nos actions.

Ainsi, Dieu devrait devenir le centre de notre vie. Si tel est le cas, peu importe ce que nous faisons : même si nous sommes plongés dans les activités de ce monde, notre attention sera fixée sur Dieu. Nous serons capables de penser à Dieu constamment. C'est cela, la vraie dévotion.

90. La connaissance réelle

Mes enfants, trois choses sont essentielles dans la vie : la connaissance, la santé et la richesse. Beaucoup d'entre nous croient qu'en étant riche, on a tout. Mais qu'arrive-t-il si on perd sa fortune ? Nous n'apprécions pas la richesse à sa juste valeur quand nous la possédons. La connaissance est encore plus importante que les deux autres. On a beau avoir la santé et la richesse, cela n'empêche pas de penser et d'agir sans discernement, ce qui peut causer notre perte.

Imaginons que nous soyons le Premier Ministre d'un pays. Une parole prononcée par inadvertance suffira peut-être pour que nous perdions notre poste. Une révolte pourrait éclater dans le pays et provoquer de nombreuses morts. La sagesse est donc d'une importance primordiale. Même si on perd la santé et la richesse, même si la vie s'avère pleine de souffrances, on peut affronter n'importe quelle difficulté si on a la vraie connaissance.

Il était une fois un roi juste qui aimait ses sujets comme ses propres enfants. Ses vertus faisaient en sorte que ses sujets le chérissaient et ils le révéraient comme s'il était Dieu. Sa renommée s'étendait dans toutes les directions. Les rois du voisinage devinrent jaloux et s'unirent pour conspirer contre lui et le détruire. Ils soudoyèrent le Premier Ministre, lui promirent un poste et le pouvoir pour l'acheter. Avec son aide, ils lancèrent une attaque subite et rapide et ils capturèrent le roi. On ne lui accorda aucune considération spéciale, on le mit dans une prison ordinaire avec d'autres prisonniers. Mais dans ce lieu même, le roi demeura joyeux, sans montrer aucun signe de détresse. Alors les rois ennemis, découragés, lui demandèrent : « Tu as perdu ton pouvoir et ta richesse, tu languis en prison, mais cela ne semble pas t'affecter. Comment est-ce possible ? »

Le roi répondit : « Vous pouvez me vaincre au cours d'une bataille, m'emprisonner et me tourmenter physiquement. Mais j'ai la liberté de décider si je veux être heureux ou triste. J'ai acquis la connaissance suprême, ce qui rend la souffrance, même intense, sans importance. Je sais qui je suis et je connais la nature du monde. Sachant cela, j'ai acquis la maîtrise complète de mon mental. Vous ne pouvez rien me faire. »

Il nous faut d'abord acquérir la connaissance de notre Soi réel et de la nature du monde. Une fois qu'on l'a obtenue, on peut surmonter n'importe quelle circonstance.

91. Śhraddhā

Mes enfants, *śhraddhā* (l'attention) est une qualité essentielle dans tous les domaines de la vie. Il faut devenir conscient de chaque pensée, de chaque parole et de chaque action. Il faut aussi être conscient de notre manière de marcher, d'être assis et de nos regards.

Nous passons pour la plupart notre temps à penser à ce qui est déjà passé et à ce qui est à venir. Le mental, pris par trop de choses et de problèmes, est complètement éparpillé. En conséquence, nous ne sommes pas capables de nous concentrer suffisamment sur quoi que ce soit et de réussir. Dans la course folle à la satisfaction des désirs, nous ne faisons rien correctement.

Amma se rappelle une histoire. Tout malade occupant un certain lit dans le service de réanimation d'un hôpital mourait le dimanche vers onze heures du matin. Les médecins étaient perplexes ! Certains pensaient même qu'une force surnaturelle était responsable de ces morts.

On finit par constituer un comité d'experts pour enquêter sur ce phénomène. Le dimanche suivant, quelques minutes avant onze heures, les médecins, les experts, les infirmières et l'administration de l'hôpital attendirent impatiemment dans le couloir, à côté du service de réanimation où les morts avaient lieu. Certains avaient un rosaire et récitaient leur mantra. D'autres priaient.

A onze heures tapantes, un membre de l'équipe de nettoyage qui ne travaillait que le dimanche entra dans le service de réanimation, débrancha le système qui maintenait le patient en vie et brancha son aspirateur. Le mystère des morts qui se produisaient le dimanche fut ainsi résolu.

Une action faite sans attention est de l'*adharma* (contraire à ce qui est juste). Elle peut être cause de souffrance et pour nous et pour autrui. Il est inutile de blâmer Dieu pour nos souffrances. Cela revient à conduire sans faire attention, à avoir un accident et à en rejeter la faute sur l'essence.

La vigilance dont nous faisons preuve dans les petites choses nous aide à atteindre de grandes choses. Celui qui est attentif à son but se montre vigilant dans ses pensées, ses paroles et ses actions.

Soyons toujours vigilants, comme un soldat sur le champ de bataille ou un étudiant dans la salle d'examen. Si on s'entraîne à faire ce qui doit être fait à chaque moment, avec une attention parfaite, cela transformera cette action en pratique spirituelle. Le travail effectué en parfaite conscience nous conduira rapidement à Dieu. Si nous vivons aujourd'hui en toute conscience, nous connaîtrons des lendemains qui chantent.

92. La conscience morale

Mes enfants, des citoyens dont les pensées, les paroles et les actes sont conformes au *dharma* conduisent une nation à la prospérité. Si nous examinons la cause profonde des problèmes qui affligent notre pays (la corruption, la pauvreté, le chômage, les conflits et les suicides qui augmentent, pour en nommer quelques-uns) nous verrons que cette cause, c'est le déclin de la conscience morale chez les gens.

Le devoir de tout individu est de suivre son propre *dharma* (*swadharma*, l'action en accord avec sa nature). Les droits et les responsabilités sont les deux ailes d'un oiseau. Il ne peut y avoir de progrès réel que si les deux travaillent en tandem. Si chacun dans la société remplit ses devoirs correctement, leurs droits seront naturellement préservés. En revanche, si les gens ne se préoccupent que de leurs droits, l'ordre social est rompu et l'anarchie prévaudra. Donc, chacun doit être prêts à travailler non seulement pour ses besoins personnels mais aussi pour le bien de la société.

Après chaque récolte, un fermier met de côté des graines qu'il sèmera plus tard. Il sait que ce n'est pas une perte, car il récoltera finalement cent fois ce qu'il aura semé. Mais s'il consomme toute la récolte, il connaîtra plus tard la pauvreté. De même, nous aussi devons être prêts à faire des sacrifices. Au lieu de consacrer tout notre temps et notre énergie à des gains personnels, soyons prêts à consacrer au moins un peu de temps au bien de la société et du pays.

La grande muraille de Chine est une des sept merveilles du monde. Après sa construction, les Chinois se dirent : « Maintenant, personne ne pourra nous vaincre. » Mais peu après, la Chine fut attaquée. Au cours d'une attaque surprise, l'ennemi brisa le mur, pénétra dans le pays et renversa rapidement les autorités. Comment cela fut-il possible ? Les gardes de la grande muraille avaient accepté des pots-de-vin de l'ennemi et les avaient laissé entrer.

Le plaisir que nous procurent des actes contraires au *dharma* est éphémère. De tels actes seront plus tard à coup sûr une cause de souffrance. En revanche, même si des actions désintéressées semblent pénibles au départ, avec le temps, elles engendreront des bienfaits durables. N'oublions pas que le plaisir obtenu grâce à des actes contraires au *dharma* porte en lui les graines de la souffrance.

On enseignait jadis aux enfants qui commençaient leur éducation d'abord et avant tout le *dharma* (ce qui est juste). Le *dharma* est le principe de sustentation mutuelle qui gouverne la relation entre humains, et entre les humains et la nature. C'est une vision saine de la vie et de l'univers. On ne peut pas progresser uniquement par ses propres efforts. Notre croissance dépend de la croissance des autres. On ne peut obtenir un bienfait personnel durable que grâce à une amélioration du bien-être général de la société.

93. La puissance de la jeunesse

Mes enfants, voyez la situation actuelle de notre pays. Combien de problèmes nous assaillent ! La pauvreté, l'illettrisme, le chômage, les conflits sociaux, des maladies nouvelles, le nombre de suicides qui augmente, la corruption, la léthargie et l'absence d'un but, voilà quelques-uns des problèmes auxquels nous sommes confrontés.

Nous vivons dans une société où l'on ne se préoccupe que de soi-même. Voilà l'état actuel de notre pays. Chaque fraction de la société ne pense qu'à ses propres intérêts. Étudiants, ouvriers, politiciens, groupes religieux, médias ou les différents états, chacun ne pense qu'à protéger et promouvoir ses propres intérêts. Personne ne se soucie des intérêts de la nation ou du bien commun.

Nous désirons tous voir se produire un grand changement dans la société. Où cela doit-il commencer ? Si nous pensons : « D'abord, il faut que les autres changent, que les circonstances changent, que le gouvernement fasse le nécessaire, et ensuite je changerai », le changement ne se produira jamais. Le changement doit commencer en nous. Si nous changeons, nous pouvons créer une transformation chez les personnes avec lesquelles nous sommes en relation. Comme des vagues qui se succèdent, cette transformation se répercutera dans la société et pavera la voie d'un changement bénéfique dans le pays.

Amma se rappelle une histoire. Un homme avait l'habitude de prier : « Puisse mon pays s'améliorer. Puissent les gens partout devenir honnêtes, enthousiastes et nourrir un idéal. » Il pria ainsi pendant des années, mais il ne vit aucun changement. Quand il comprit qu'il ne pouvait pas changer le pays entier, il pria pour qu'au moins les membres de sa famille donnent un bon exemple aux autres. Au bout de nombreux mois, il se rendit compte que cette prière-là aussi était vaine. Finalement, il pria : « Ô Seigneur, nourris en moi les nobles vertus. Puissé-je vivre avec une conscience morale et manifester de l'amour envers tous. »

Ce jour-là, quand il eut fini de prier, il entendit Dieu lui murmurer à l'oreille : « Si tu avais été prêt auparavant à prier ainsi, à faire des efforts, combien de changements bénéfiques se seraient déjà produits dans ce pays ! »

C'est toujours à travers les jeunes que l'on peut créer une société nouvelle. Ils possèdent naturellement de l'enthousiasme et de l'admiration pour les idéaux nobles. Ils ont aussi beaucoup d'énergie. Si cette énergie est utilisée correctement, les jeunes peuvent contribuer à créer une immense transformation. Il suffit de les inspirer. Puissent-ils devenir comme des fleurs qui exhalent un doux parfum dans le monde entier.

94. L'expérience de Dieu

Mes enfants, les gens ont de Dieu des concepts variés. Certains nient l'existence de Dieu, la plupart croient en Lui. Parmi les croyants, la majorité considère Dieu comme une puissance extérieure, séparée d'eux. En réalité, Dieu demeure en tous les êtres, animés ou inanimés, comme l'arbre dans une graine, le beurre dans le lait et l'or dans les bijoux en or.

Le Divin est présent en tout être. Si nous suivons le chemin adéquat, nous pouvons faire l'expérience de cette divinité intérieure. Peut-on exprimer le goût du miel ou la beauté de la nature avec des mots ? On ne peut les connaître que par l'expérience. De même, l'expérience de Dieu est bien au-delà de la portée des mots, des perceptions sensorielles et du mental.

Un *sanyāsī* (moine) passait devant une école et quelques élèves lui demandèrent : « Pourquoi portez-vous ces vêtements ocres ? »

Le *sanyāsī* répondit : « Je suis devenu *sanyāsī* pour réaliser Dieu. »

Les enfants demandèrent : « Quelqu'un a-t-il vu Dieu ? Comment peut-on Le réaliser ? »

Montrant un arbre, le *sanyāsī* demanda : « D'où est venu cet arbre ? »

« De la graine », dirent les élèves. Il y avait sous l'arbre beaucoup de fruits éparpillés. Le *sanyāsī* ramassa un fruit et mordit dedans. Il regarda à l'intérieur, puis il le jeta. Il ramassa un autre fruit, y mordit, regarda dedans et le jeta. Alors les enfants lui demandèrent : « Que faites-vous ? Pourquoi mordez-vous dans ces fruits pour les jeter ensuite ? »

Le *sanyāsī* répondit : « Vous avez dit que cet arbre venait d'une graine. Je regardais si l'arbre était à l'intérieur de la graine du fruit. »

Les élèves se mirent à rire et dirent : « Comment un arbre immense pourrait-il être contenu dans une graine minuscule ? Il faut d'abord semer la graine, puis l'arroser et mettre de l'engrais régulièrement. Avec le temps, la graine germera et au bout de nombreuses années, elle deviendra un arbre immense. »

Le *sanyāsī* dit : « C'est la même chose pour Dieu. Comme l'arbre à l'intérieur de la graine, Dieu réside en chacun de nous, mais vous n'en avez pas encore fait l'expérience. Cela ne veut pas dire qu'il n'y a pas de Dieu. Si nous suivons les conseils de ceux qui ont réalisé Dieu, tout le monde peut faire l'expérience de la présence de Dieu. »

Dieu est une expérience. Les outils qui permettent d'accéder à cette expérience incluent des pratiques spirituelles telles que la prière, le *japa* (répétition d'un mantra) et la méditation. Quand une fleur est encore en bouton, il est impossible de connaître son parfum et sa beauté. Il faut qu'elle s'épanouisse. Ainsi, la fleur de notre cœur doit s'épanouir grâce à la méditation. Nous serons alors capables de voir Dieu et de connaître la béatitude suprême.

95. Être témoin

Mes enfants, même des incidents triviaux du monde extérieur peuvent affecter notre mental. Certains nous rendent heureux, d'autres nous attristent. Certains s'interrogent : « Comment garder l'équanimité devant ces deux extrêmes, comme un témoin détaché ? »

Nous avons tous la capacité de prendre du recul et de regarder les choses comme un observateur. Pourtant, il est rare que nous soyons conscients de cette capacité ou que nous l'utilisions à notre avantage. Quand les autres ont des problèmes, nous sommes détachés et nous pouvons même donner des conseils utiles. Mais confrontés aux mêmes problèmes, nous nous effondrons. Cette défaite est causée par la notion du « moi » et du « mien ».

Un disciple demande un jour à un guru : « Ô maître, il est difficile de voir toute chose avec l'attitude d'un témoin. Comment est-ce possible ? »

Le guru ne répond pas. Le disciple, par négligence, avait commis quelques erreurs mais le guru annonce qu'une autre personne a commis ces fautes. Le disciple l'écoute avec le sourire. Soudain, le guru dit : « Il n'a rien fait de tout cela. C'est toi qui as commis ces erreurs ! » Alors le disciple pâlit et il baisse la tête, honteux. Le guru dit alors : « Quand je t'ai montré tes erreurs, tu es devenu triste. Mais quand j'en ai rendu quelqu'un d'autre responsable, tu as pu écouter avec l'attitude d'un témoin. Tu as donc la capacité d'être un témoin. Quand tu prends conscience que tout ce que tu associes maintenant avec « moi » n'est pas ton être réel, tu deviens capable d'adopter l'attitude du témoin. Nous avons la capacité d'observer constamment nos pensées et nos actions. Si tu développes cette attention, tu seras capable de rester témoin en toute circonstance et de tout accepter avec le sourire. Rien ne pourra affecter ton équilibre mental. »

Lors d'un voyage en bus, on voit parfois de belles choses, des monuments, de beaux jardins. On voit aussi parfois des choses qui dérangent. Mais nous ne sommes pas perturbés parce que nous savons qu'il ne s'agit pas de notre destination. Il faut acquérir la capacité de regarder les pensées qui traversent le mental de la même manière. Voir tout ce qui se présente mais rester détaché, telle est l'attitude qu'il nous faut cultiver.

96. Le mécontentement

Mes enfants, nous sommes souvent tristes en pensant à la chance des autres et à nos propres difficultés dans la vie. Nous essayons constamment d'être quelqu'un d'autre. Une femme désire être un homme. Un homme désire être une femme. Un enfant veut être un adulte. Les vieux rêvent d'être jeunes. Nous avons une conscience aiguë de ce qui nous manque mais nous n'apprécions pas les bienfaits que Dieu nous a donnés.

Un homme adresse à Dieu cette prière : « Ô Seigneur, ma femme n'a pas conscience de mes difficultés. Je travaille toute la journée alors qu'elle reste confortablement à la maison. J'ai une requête : fais que je devienne elle et qu'elle devienne moi. Échangeons. »

Aussitôt, il entend la voix de Dieu : « Ta prière sera exaucée. »

Quand il se réveille le lendemain matin, il se rend compte qu'il est devenu une femme. Sa femme, qui est devenue un homme, peut se lever tranquillement à huit heures, se doucher sans se presser et partir travailler. Mais lui, étant devenu une femme, doit se réveiller tôt. Il prépare le petit déjeuner, balaye et nettoie la maison, fait faire leur toilette aux enfants et leur donne à manger. Puis il est l'heure pour le mari de partir travailler. Après lui avoir donné ses vêtements repassés, elle dépose les enfants à l'école. En revenant, elle s'arrête au marché pour acheter des légumes. Arrivée chez elle, elle fait aussitôt la lessive, puis commence à préparer le repas du soir.

Soudain, il se met à pleuvoir. Elle sort en courant rentrer les vêtements qu'elle avait étendus dehors et plie ceux qui sont secs. Peu de temps après, son mari et les enfants rentrent à la maison. Elle leur donne du thé et des biscuits. Puis elle allume la lampe à huile sur l'autel et s'assied pour les prières. Elle fait faire leurs devoirs aux enfants. Après avoir servi le dîner à son mari, elle prépare tout pour le lendemain matin.

Plusieurs jours passent ainsi. Le mari-transformé-en-épouse est épuisé. Il prie Dieu : « Ô Seigneur ! J'ai commis une grosse erreur en désirant devenir une femme ! Je suis épuisé. Je T'en prie, transforme-moi de nouveau en homme. »

Le Seigneur répond : « D'accord, mais tu dois attendre neuf mois. »

« Pourquoi Seigneur ? »

« Parce que tu es enceinte. »

Chacun de nous est comme le mari de cette histoire. Nous nous empressons de nous comparer à ceux qui sont plus riches et plus capables. Nous ne nous rendons pas compte que nous avons beaucoup plus de chance que beaucoup de gens qui sont dans des situations bien pires.

Chaque être humain dans le monde est unique. Chacun occupe une place particulière dans l'univers. Comprenons-le, éveillons notre potentiel, notre confiance en nous et jouons notre rôle dans le monde. C'est seulement de cette manière que nous connaîtrons le contentement.

97. Journée[14] internationale de la femme

Mes enfants, il y a quelques jours, une femme est venue me voir avec ses deux petits enfants. En pleurant, elle a dit : « Amma, mon mari dépense tout ce qu'il gagne dans l'alcool. Il y a tout le temps des disputes à la maison, il n'y a aucune paix. Il me frappe même et me crie dessus devant les enfants. Je ne parviens pas à m'occuper correctement des enfants. Amma, je t'en prie, sauve-moi ! »

De nombreuses femmes dans notre pays versent ainsi constamment des larmes de chagrin. Je ne dis pas que les hommes ne souffrent pas ; certains souffrent, il n'y a aucun doute là-dessus. Mais si on regarde l'ensemble du monde, on voit que 90% de ceux qui endurent des difficultés sont des femmes.

Les hommes comme les femmes aspirent à l'amour. Pour que le flot de l'amour ne s'interrompe pas, l'amour doit être donné constamment. Si un côté cesse d'exprimer de l'amour, tôt ou tard, l'autre aussi cessera de l'exprimer.

Hommes et femmes ont leurs faiblesses. Mais si on se blesse à la main gauche, la main droite ne viendra-t-elle pas la caresser ? Ainsi, hommes et femmes doivent supporter patiemment les faiblesses de l'autre. Ils doivent se soutenir mutuellement. Malheureusement, l'ego et l'égoïsme se manifestent aujourd'hui là où on devrait exprimer de l'amour. Cela mène finalement à l'oppression et à l'exploitation.

---

14 Célébrée le 8 mars de chaque année.

Les hommes sont physiquement plus forts que les femmes. Cette force ne leur a pas été donnée pour opprimer les femmes, mais pour les protéger. Mais, direz-vous, si les femmes ont besoin d'être protégées, cela ne signifie-t-il pas qu'elles sont faibles ? Le Premier ministre est protégé par des officiers de police. Est-ce parce qu'il est faible ? Non, mais dans l'intérêt du pays, il doit être protégé. C'est le devoir de la nation. De même, protéger les femmes est le devoir des hommes et c'est aussi dans leur intérêt. La femme est la mère de l'homme. N'oubliez pas que tout homme a été nourri par le lait maternel.

Dans de nombreux villages de l'Inde, il est difficile de trouver un mari pour une femme âgée de plus de vingt-cinq ans et qui n'a pas d'éducation. Sans éducation, il est difficile de trouver du travail. En conséquence, ces femmes souffrent le reste de leur vie comme des orphelins dont personne ne veut. Qui est responsable de cela ? Il est injuste de blâmer les hommes. Les mères doivent donner à leurs filles des chances égales dans tous les domaines et leur permettre d'acquérir des savoir-faire qui leur procureront du travail.

Les mères doivent faire prendre conscience dès l'enfance à leurs enfants qu'hommes et femmes sont égaux. Conditionnées par leur mère dès le plus jeune âge, les femmes ont oublié leur propre force. Elles ont été élevées comme des plantes en pot. Elles sont comme des aigles élevés par des poules. L'aiglon a l'illusion d'être lui aussi une poule et ne vole pas. Même ses ailes lui semblent un fardeau. Ainsi, au lieu de permettre aux femmes de prendre confiance en elles, la société a bloqué leur immense puissance.

Beaucoup d'hommes se comportent comme si les femmes étaient inférieures. Une telle attitude s'avèrera en définitive néfaste pour les hommes eux-mêmes car ils ne recevront des femmes ni réconfort ni inspiration.

Hommes et femmes sont les deux ailes de la société. Amma rêve d'un avenir brillant où hommes et femmes, comme les deux ailes d'un oiseau, jouent un rôle équivalent dans la création d'une société meilleure. Seule cette égalité permettra à l'humanité d'évoluer.

Hommes et femmes

Mes enfants, dans le monde entier on discute sur le sujet suivant : donner aux femmes les mêmes droits qu'aux hommes, que ce soit au travail ou dans les autres domaines de la vie. Cela marque le début d'un changement. En l'absence de telles discussions, les femmes ont souffert l'injustice en silence depuis des temps immémoriaux.

Il y a une discrimination envers les femmes de bien des manières. Elles en souffrent même dans les pays qui se proclament progressistes, développés et modernes.

Une fierté illusoire et la croyance orgueilleuse qu'ils sont supérieurs aux femmes sont maintenant profondément gravées dans le mental des hommes. Mais la façon de penser des femmes est différente : « Pendant tout ce temps, les hommes nous ont dominées et opprimées. Il faut leur donner une leçon. » Hommes et femmes doivent cesser d'entrer en compétition pour prouver leur supériorité. Tant qu'ils ne s'acceptent pas et ne se respectent pas mutuellement, leur vie sera pareille aux deux berges d'une rivière qu'aucun pont ne relie.

On célébrait un mariage. Le moment de la signature dans le registre officiel des mariages arriva. Le mari signa le premier. Dès que la femme eut signé, le mari s'écria tout fort : « C'est fini ! Ce mariage est terminé ! Je veux divorcer immédiatement ! »

Tous étaient sidérés. Le clerc demanda : « Est-ce que vous êtes fou ? Qu'est-ce qui a provoqué votre réaction ? »

Le marié répondit : « Qu'est-ce qui s'est passé ? Ouvrez les yeux, regardez ! Voyez ma signature ! Elle est petite et compacte.

Maintenant, regardez la sienne, voyez comme elle est longue ! Est-ce qu'on prend une page entière pour signer ? Je sais ce que cela veut dire ! Dans la vie aussi, elle va vouloir me dominer. » Et se tournant vers la mariée, il lui dit : « Garde tes ambitions pour toi ! Tu ne réussiras jamais à me rabaisser ! »

Dès le départ, la plupart des hommes et des femmes partent du mauvais pied.

« En avant », telle semble la devise actuelle des femmes. Certes, elles doivent améliorer leur situation. Mais de temps à autre, elles doivent aussi se retourner pour regarder l'enfant qui trottine derrière elles. La mère doit avoir un peu de patience pour le bien de l'enfant. Il ne suffit pas de lui faire une place dans son ventre. Elle doit aussi lui donner une place dans son cœur.

Hommes et femmes doivent se soutenir mutuellement, comprendre et accepter les forces et les limites de chacun. Comment gagner le cœur de l'autre ? La façon idéale, c'est par l'humilité et l'amour. Les hommes et les femmes ne peuvent créer une ère nouvelle où règnent l'amour, la compassion et la prospérité qu'à condition de s'éveiller les uns et les autres également et d'agir.

La protection des femmes

Mes enfants, les attaques contre les femmes ne sont pas encore sous les projecteurs des médias. Nous ne voyons que le sommet de l'iceberg ; le reste est immergé dans l'océan. La couverture des médias sur ce genre d'attaques ne montre ainsi que la pointe de l'iceberg.

Nous faisons attention en traversant une route à grande circulation. Sinon, nous risquons un accident. De nos jours, les femmes doivent faire preuve d'une prudence similaire. Nous devons enseigner à chaque enfant la nature du monde où vivent des gens capables de les attaquer, de les exploiter ou d'être grossiers avec eux. Enseignons à nos enfants comment réagir de façon appropriée face à de telles personnes.

Les jeunes d'aujourd'hui veulent la liberté de se fréquenter librement. Et ils n'hésitent pas à franchir les limites tracées par la société, car ils croient qu'il s'agit d'un progrès. Mais le progrès n'est pas synonyme de liberté excessive et de manque de responsabilité. Et préserver les valeurs sociales n'est pas de la répression ou de la tyrannie. Il s'agit de cultiver le genre de comportement que nous aurions envers nos parents et nos frères et sœurs. Et il faut en outre être toujours bien conscient de la situation et exercer la maîtrise de soi.

Un changement radical est nécessaire dans la façon de penser de la société. Les parents, les enseignants, les médias, les artistes et les écrivains jouent un rôle crucial à cet égard. Ils doivent éviter de faire passer le mauvais message dans la société. Ils doivent délivrer le message correct. Les médias ont tendance à présenter les femmes comme des objets de plaisir et utilisent les attaques contre elles pour faire de la sensation. Il faut prendre conscience de l'impact négatif de telles descriptions.

Dans notre société, hommes et femmes ont été également conditionnés. On peut attacher sans crainte un éléphant à un petit arbre. En fait, il pourrait facilement arracher l'arbre et s'en aller mais depuis l'enfance, il a été assujetti. Il a donc oublié sa force et n'essaie pas de se libérer de la captivité. Dans une certaine mesure, c'est ce qui est arrivé aux femmes. Depuis des générations, les hommes jouissent de la priorité sur les femmes et ont plus d'autorité qu'elles. Ils sont donc incapables de changer en accord avec notre époque. Hommes et femmes doivent s'efforcer de se libérer de leur conditionnement, ils doivent le faire à tout prix.

La luxure et la colère font partie de la nature humaine. Nous devons entraîner nos enfants à bien gérer ces émotions. Dès l'enfance, garçons et filles doivent recevoir les valeurs et la connaissance spirituelle appropriées.

Notre culture nous a enseigné à voir en toute femme une mère et en toute jeune fille une sœur. Retrouvons cette noble culture.

La liberté des femmes

Mes enfants, hommes et femmes ne sont pas deux entités séparées, mais deux manifestations de la même vérité. Il y a une femme en tout homme et un homme en toute femme. Ils sont donc égaux. Leurs *dharmas* (devoir) respectifs ne sont pas contradictoires, mais complémentaires.

Les hommes ne doivent pas transformer la société pour en faire une voie à sens unique où eux seuls peuvent progresser. La société doit devenir une autoroute sur laquelle les femmes jouissent de la même liberté d'avancer.

Certains hommes se comportent comme si les femmes leur étaient inférieures. Une telle attitude s'avèrera préjudiciable aux hommes car les difficultés endurées par les femmes, qui sont aussi des mères, affecteront leurs enfants. Si les femmes sont découragées, les hommes ne pourront pas recevoir d'elles les encouragements, l'inspiration et l'aide dont ils ont besoin. Le progrès des femmes est un bien pour les hommes et inversement. En négligeant les femmes, les hommes ruinent leur vie.

Amma se rappelle une histoire. Un groupe de voyageurs traversait un pont de bois au-dessus d'une rivière au courant rapide. Soudain, le pont s'effondra. Quatre des voyageurs attrapèrent une corde. L'un d'eux était une femme. Ils s'accrochaient désespérément à la corde en espérant que quelqu'un viendrait bientôt les sauver. Quand ils virent que la corde était en train de céder sous leur poids, ils décidèrent que l'un d'eux devait sauter dans la rivière pour empêcher que la corde casse. Les hommes regardèrent la femme ; leur attente était muette mais claire : elle devait sauter dans la rivière. Elle accepta. Mais avant de sauter, elle prononça un sermon magnifique sur la grandeur du sacrifice. Quand elle eut terminé, les trois hommes instinctivement applaudirent. Vous devinez la suite.

Les mères doivent se rappeler une chose : elles doivent faire naître chez leurs enfants la conscience que garçons et filles sont égaux. Elles doivent donner aux filles des chances égales de participer et d'être exposées à toutes les sphères d'activité et nourrir ainsi la confiance qu'elles ont en elles-mêmes. Les filles devraient recevoir une éducation, comme les garçons, et acquérir les qualifications nécessaires pour trouver du travail. Alors il y aura un respect mutuel entre filles et garçons. Une fois adultes, ils garderont la même attitude.

Hommes et femmes doivent comprendre que la liberté excessive ne donne pas le bonheur. Le mari et la femme doivent être unis dans l'amour, être un seul cœur. Ils doivent se confier l'un à l'autre et devenir l'un pour l'autre une source de force et d'inspiration. Ils doivent s'apporter mutuellement soutien et réconfort et devenir l'un pour l'autre une source de joie.

Connaître le coeur et agir

Mes enfants, si nous voulons voir se lever l'aube de la paix et de l'harmonie dans le monde, il faut commencer à la maison. Quatre-vingt-dix pour cent des problèmes dans la vie de famille sont causés par des blessures du passé qui ne sont pas guéries. Nous vivons tous avec de nombreuses blessures encore ouvertes. Le moyen de guérir ces blessures, c'est que le mari et la femme s'ouvrent l'un à l'autre.

Certains hommes n'ont pas la patience d'écouter ce que dit leur femme. Ils considèrent les femmes comme faibles et que leurs paroles n'ont aucune substance. Cela ne signifie pas que les femmes sont dépourvues de faiblesses. Certaines donnent une importance excessive à des choses insignifiantes et pleurent. Les femmes en général ne savent pas retenir leurs émotions. Elles les expriment. Mais les hommes sont très différents. Ils gardent leurs émotions enfouies. Au lieu d'attendre des femmes qu'elles se comportent comme eux, les hommes doivent cultiver la patience nécessaire pour les écouter quand elles expriment leurs sentiments de peine et de souffrance. Ne les considérez pas uniquement comme des objets de plaisir et comme des servantes. Leur cœur aussi se languit de trouver l'amour. Donc, au lieu de les écarter, les hommes doivent trouver le temps et la patience de les écouter. Si les hommes ne sont pas prêts à le faire, les femmes risquent de chercher ailleurs la possibilité de déposer ce qui pèse sur leur cœur.

Les femmes aussi doivent être prêtes à comprendre le cœur de leur mari et à se comporter en conséquence. Sinon, il risque de chercher ailleurs la possibilité de déposer ce qui pèse sur son cœur. Il rentre souvent chez lui après une journée de travail difficile où il a dû affronter la colère de son supérieur. Si la femme le reçoit avec une mine renfrognée et des paroles de colère, il sera encore plus triste. Elle doit donc essayer de comprendre son état d'esprit.

Si le mari et la femme travaillent, ils doivent se réconforter mutuellement. Leurs problèmes ne peuvent être résolus que s'ils s'ouvrent l'un à l'autre et expriment ce qu'ils ressentent. Quand la confiance et l'amour mutuel grandissent, les problèmes diminuent. Cet amour et cette confiance constituent le fondement d'une famille harmonieuse. Si nous rejetons cette vérité, consciemment ou inconsciemment, les problèmes augmenteront.

On dit qu'une femme doit avoir trois attitudes : celle d'une mère, celle d'une épouse et celle d'une amie. Un homme a lui aussi son propre *dharma* et il doit le remplir.

Mes enfants, puissiez-vous vous aimer et ne plus faire qu'un.

98. Exprimons notre amour

Mes enfants, beaucoup de femmes racontent à Amma : « Quand je confie mes ennuis à mon mari, il se contente de grogner. Il ne m'offre pas une parole de consolation. Il ne me montre pas d'amour non plus. » Quand Amma interroge le mari à ce sujet, il répond : « Ce n'est pas cela. J'aime beaucoup ma femme. Mais elle ne fait que se plaindre ! » Ils ont tous deux de l'amour dans le cœur, mais aucun d'eux n'en bénéficie. Cela revient à vivre au bord d'une rivière et à mourir de soif.

En réalité, cet amour est présent en chacun de nous. Mais l'amour, s'il n'est pas exprimé, est comme du miel dissimulé dans la fente d'un rocher. On ne peut pas en savourer la douceur.

Comme nous ne connaissons pas le cœur de l'autre, il ne suffit pas de garder son amour caché dans le cœur. Nous devons l'exprimer par nos paroles et par nos actions. Il faut aimer ouvertement et donner cet amour aux autres.

Un *sanyāsī* fit une visite dans une prison et échangea d'aimables paroles avec les prisonniers. Il y avait parmi eux un jeune délinquant. Voyant le sort de ce jeune garçon, le cœur du *sanyāsī* fondit. Il alla trouver le garçon, lui caressa doucement le dos et lui demanda : « Mon enfant, comment es-tu arrivé en compagnie de ces malfaiteurs ? » Comme il disait ces mots, les larmes montèrent aux yeux du *sanyāsī*.

Alors le garçon dit doucement : « S'il y avait eu quelqu'un pour poser une main affectueuse sur mon épaule quand j'étais plus jeune et pour me dire des paroles tendres, je ne serais pas arrivé ici. »

Il est nécessaire de manifester de l'amour aux enfants. Ils doivent être entraînés à recevoir et à donner de l'amour.

L'amour n'est pas fait pour demeurer caché dans le cœur mais pour être exprimé par des paroles, des regards et des actions. L'amour est la richesse qui donne plus de bonheur à celui qui donne qu'à celui qui reçoit. C'est une forme de richesse dont nous n'avons pas conscience bien que nous l'ayons entre les mains.

Éveillons donc l'amour qui sommeille à l'intérieur de nous. Puisse-t-il se répandre sur le monde par chacun de nos regards, de nos paroles et de nos actions. Puisse-t-il couler sans être arrêté par les murs que constituent la caste, la croyance ou le clan. Puissent les cœurs s'étreindre, éveiller la joie intérieure et partager cette béatitude avec les autres. Puisse le flot d'amour caresser tous les êtres. Puisse notre vie sur terre être ainsi bénie.

99. Le lien entre mari et femme

Mes enfants, pour que la vie matrimoniale soit heureuse, la compréhension mutuelle, la bonne volonté et la capacité de faire des compromis sont essentiels. C'est uniquement grâce à cela que les couples peuvent surmonter les difficultés qu'ils rencontrent dans leur mariage. Les liens familiaux s'affaiblissent dans notre pays. Le nombre des divorces augmente chaque jour.

Hommes et femmes doivent comprendre qu'au niveau émotionnel, ils sont vraiment différents. L'homme vit dans son cerveau et la femme dans son cœur. Plus que tout, la femme aspire à trouver chez son mari un soutien émotionnel. Elle veut un mari qui lui donne de l'amour et de l'attention et qui soit prêt à l'écouter avec sympathie. Le mari désire de l'attention, il désire que sa femme l'accepte, l'aime et le respecte. Si l'amour est présent, ils seront au service l'un de l'autre et y trouveront le bonheur.

Se comprendre mutuellement, se faire confiance et entretenir une vie matrimoniale pleine d'amour n'est pas une tâche facile. Cela exige beaucoup de patience et de tolérance. Les gens se marient souvent alors qu'ils sont encore immatures et incapables de comprendre les pensées et les besoins émotionnels de leur conjoint. L'amour n'est pas l'attirance physique que l'on éprouve l'un pour l'autre. L'amour vrai est l'union des âmes.

Aujourd'hui, beaucoup de jeunes hommes et femmes rêvent de la vie matrimoniale telle qu'ils la voient à la télévision ou au cinéma. Ils sont déçus quand ils constatent que la vie qu'ils mènent ne correspond pas à ce rêve. Amma se rappelle un incident. Une jeune fille fut fascinée par un film qu'elle vit avant son mariage. Dans le film, le couple était extrêmement riche. Ils possédaient une grande maison, une voiture de luxe, des vêtements à la mode et tous les luxes imaginables. Ils étaient toujours heureux. Après avoir vu ce film, cette jeune fille se visualisa en train de mener la même vie. Elle se maria peu après. Mais son mari avait un emploi ordinaire. La femme voulait une voiture, de nouveaux saris et elle voulait aller chaque jour au cinéma. Que pouvait faire le pauvre mari ? La femme était cruellement déçue. Ils finirent par divorcer.

Les jeunes gens ne doivent pas seulement avoir comme but de faire de belles études et une belle carrière. Ils doivent aussi se préparer intérieurement à une vie matrimoniale heureuse avant même le mariage. Dans le mariage, aucun des conjoints n'a le droit de formuler constamment des exigences. Ils doivent tous deux être prêts à aimer, à coopérer et attendre patiemment que leur amour et leur coopération leur soit rendus. Chacun rencontre forcément de nombreuses difficultés dans sa vie personnelle. Quand cela arrive, ils doivent se soutenir et se réconforter mutuellement. L'amour grandira ainsi naturellement.

L'amour et le sacrifice sont les deux ailes de la vie de famille ; elles permettent aux couples mariés de s'envoler dans le ciel de la joie et du contentement.

100. La sympathie et la compassion

Mes enfants, à première vue, la sympathie et la compassion semblent identiques, mais si l'on regarde en profondeur, on voit qu'il y a un monde entre les deux. La sympathie est un sentiment qui traverse le mental devant la souffrance d'une autre personne. Ce sentiment n'est pas profond et n'exerce pas une grande influence sur nous. En voyant la souffrance de l'autre personne, on lui offrira peut-être un peu d'aide ou on lui dira un mot gentil pour soulager sa propre peine. Mais la compassion est un état où l'on ressent la souffrance de l'autre comme la sienne. Il n'y a alors aucune dualité, rien qu'une identification, un sentiment d'unité. Quand la main gauche est blessée, la main droite va aussitôt la caresser parce que la douleur appartient au tout unique, non-divisé.

Un disciple demande un jour à un guru : « Qu'est-ce que la vraie compassion ? »

Le guru emmène le disciple dans une rue proche de l'*āśhram* et lui demande d'observer attentivement un mendiant assis sur le trottoir. Au bout d'un moment, une vieille femme, pauvre, passe et jette une pièce dans le bol du mendiant. Un peu plus tard, un homme riche donne cinquante roupies au mendiant. Puis un enfant arrive et voyant le mendiant, il lui sourit gentiment. Le garçon va près de lui et lui parle comme s'il était son frère aîné. Le mendiant est touché et content. Le guru se tourne vers son disciple et lui demande : « Lequel des trois a vraiment de la compassion ? »

Le disciple dit : « L'homme riche. »

En souriant, le guru dit : « Il n'avait pas un iota de sympathie ou de compassion pour le mendiant. Sa seule intention était d'exhiber sa richesse et de montrer sa générosité. La vieille femme avait de la sympathie pour le mendiant, même si elle ne le considérait pas comme un proche et n'avait pas le désir de remédier à sa pauvreté. L'enfant avait de la compassion car il s'est comporté comme si le mendiant était un membre de sa famille. Il n'avait pas la possibilité d'aider le mendiant au niveau matériel, mais il avait pour lui de la sympathie, il y avait un lien de cœur. Ce que le petit garçon a exprimé, c'était de la vraie compassion.

Le monde a aujourd'hui besoin de compassion venant du cœur et non de sympathie passagère. La compassion naît dans un cœur qui perçoit les joies et les peines d'autrui comme les siennes propres. De tels cœurs sont remplis d'amour et sont prêts à aider les autres. La compassion est le seul remède capable de guérir les blessures du monde.

101. Faire des compromis

Mes enfants, nous rêvons tous d'une vie de famille remplie d'amour, d'un sentiment d'unité. Mais aujourd'hui, nous voyons partout des familles se briser à cause de problèmes triviaux. Même s'il n'y a rien d'autre à manger qu'une poignée de riz, le foyer sera un paradis si l'amour et un sentiment d'unité y règnent. En revanche, un foyer aura beau disposer d'argent et de richesses en abondance, ce sera un véritable enfer si les membres de la famille sont constamment en conflit les uns avec les autres.

Que de disputes sont déclenchées pour des vétilles ! Certaines femmes disent : « Mon mari dit toujours qu'il m'aime beaucoup. Mais comment puis-je le croire ? Il ne se rappelle même pas la date anniversaire de notre mariage ! Je ne peux pas le lui pardonner. Je n'ai plus envie de vivre avec lui. »

Un homme s'assied pour prendre le petit déjeuner avec son fils. Comme il est temps pour lui de partir travailler, sa femme lui apporte rapidement une *dōśha* (crêpe indienne) et de la chutney (sauce à la noix de coco). Comme elle a fait la *dōśha* en se dépêchant, la plus grande partie est brûlée. Mais l'homme la mange sans faire de commentaire. Alors sa femme dit en s'excusant : « Cette *dōśha* était brûlée. Je vais t'en faire une autre. »

Le mari répond : « Non, tout va bien. Elle est croquante et j'aime les *dōśhas* craquantes ! »

En allant au bureau, le mari emmène son fils à l'école. Dans la voiture, le garçon demande : « Papa, est-ce que tu aimes vraiment les *dōśhas* brûlées ? »

Le père répond : « Mon cher enfant, hier ta mère était de service la nuit. Elle a travaillé toute la nuit et n'a pas dormi du tout. Quand elle est rentrée à la maison, c'était le matin. Elle était sûrement très fatiguée et malgré cela, elle nous a préparé le petit-déjeuner. Elle nous a souvent préparé de délicieux petit-déjeuner mais nous ne lui avons jamais dit que c'était vraiment bon. Aujourd'hui, elle était très fatiguée et si je lui avais dit que la *dōśha* était brûlée, si j'avais refusé de la manger, elle aurait été blessée. Je suis prêt à manger une *dōśha* légèrement brûlée pour la rendre heureuse. »

Comprenons que personne ici-bas n'est parfait. L'amour et la paix au sein de la famille ne peuvent durer que s'il existe entre les membres de la famille une compréhension mutuelle et s'ils sont prêts à donner aussi bien qu'à prendre.

102. S'adapter aux circonstances

Mes enfants, le changement est la nature de la vie et il nous faut affronter différentes sortes de situations. Apprenons à nous adapter aux circonstances changeantes. En conduisant, on passe des dos d'âne, des nids de poule, des virages et des routes en pente raide et on change de vitesse pour s'adapter à la route. Ainsi, même si on est en colère contre un supérieur ou si l'on n'est pas d'accord avec lui sur certaines choses, on lui sourit et on lui offre un siège quand il entre dans notre bureau. Sinon, on sait que notre emploi pourrait être affecté. Donc, au lieu d'essayer de changer les personnes et les objets pour qu'ils nous conviennent, adaptons-nous à eux.

Un matin, alors que le roi se promenait autour du palais, son pied heurta une pierre. La blessure saignait. Le roi était furieux contre ses serviteurs. « Pourquoi n'avez-vous pas nettoyé le chemin alors que vous saviez très bien que j'allais passer par-là ? » Il donna l'ordre de recouvrir de tapis toutes les rues de la ville avant sa prochaine promenade matinale, le lendemain.

Les ministres étaient sidérés. Il était impossible en une journée de recouvrir toutes les rues de tapis. Ils se cassèrent la tête à essayer de trouver un moyen. Finalement, un ministre âgé eut une idée. Il dit au roi : « Votre majesté, au lieu de recouvrir de tapis toutes les rues de la ville, ne serait-il pas plus pratique que vous portiez une bonne paire de chaussures pour votre promenade matinale ? »

Les yeux s'adaptent à ce qu'ils voient. Le cristallin de l'œil s'adapte à la distance où se trouve l'objet. Il nous faut ainsi acquérir la capacité de nous accommoder aux circonstances toujours changeantes de la vie. Si nous y réussissons, le monde deviendra pour nous un paradis.

Pour garder l'équanimité au milieu des vicissitudes de la vie, il faut comprendre et assimiler les principes de la spiritualité. La connaissance spirituelle correspond à la suspension des véhicules,qui permet de tempérer l'impact des dos d'ânes et des nids de poules quand les routes sont mauvaises. Si notre vision de la vie est fermement ancrée dans la connaissance spirituelle, nous conserverons notre équilibre mental en traversant les vicissitudes de la vie.

103. Les paroles et les actes

Mes enfants, nous vivons à une époque où des discours et des conférences sont constamment organisés, partout dans le pays. Ce qui importe, ce n'est pas ce qui est dit ou entendu, mais la conviction de l'orateur et dans quelle mesure les auditeurs assimilent ce qu'ils entendent.

Les membres du comité d'un temple invitèrent un jour un *mahātmā* (un être éveillé) à donner une série de conférences dans le cadre du festival du temple. Deux mille personnes étaient présentes pour écouter le premier discours ; elles l'apprécièrent tellement qu'elles revinrent le lendemain pour l'écouter. Mais le *mahātmā* répéta ce qu'il avait dit la veille. En conséquence, il y eut moins d'auditeurs le troisième jour. Comme le saint répétait le même discours jour après jour, le nombre de ceux qui venaient l'écouter diminua. À la fin de la semaine, il n'y avait plus qu'une poignée de gens. Le huitième jour, un seul dévot assista à son discours et ce jour-là le saint aborda un nouveau sujet. Quand le discours fut terminé, le dévot demanda au saint : « Vous avez parlé toute la semaine du même sujet. Mais aujourd'hui, alors que j'étais seul à vous écouter, vous avez entamé un nouveau sujet. Pourquoi ?

Le *mahatma* répondit : « Aucun de ceux qui étaient venus m'écouter n'a mis en pratique dans sa vie les principes dont j'avais parlé. C'est pourquoi je répétais toujours la même chose. Mais tu as assimilé deux des valeurs que j'avais mentionnées. Hier, quand un mendiant est venu chez toi demander des vêtements, tu lui as donné sans hésiter une de tes tenues alors que tu n'en n'as pas les moyens. Aujourd'hui, quand tu es venu au temple, le garde t'a réprimandé parce que tu avais laissé tes chaussures au mauvais endroit. Mais tu as gardé ton calme. Tu t'es excusé tranquillement et tu as mis tes chaussures au bon endroit. Tu as donc mis en pratique dans ta vie deux des qualités sur lesquelles j'avais insisté dans mon discours. Comme j'étais sûr que tu mettais en pratique ce que tu avais entendu, j'ai abordé un nouveau sujet. »

Quand les paroles entendues pénètrent profondément dans notre cœur, elles créent en nous une transformation qui se reflète dans notre vie. Les autres suivront notre exemple. Les valeurs transmises de cette manière, d'une personne à l'autre, engendreront un changement dans l'ensemble de la société.

104. La quête du plaisir

Mes enfants, certains disent : « La jeunesse n'est-elle pas le moment où l'on est censé jouir des plaisirs de la vie ? Est-ce qu'il ne suffit pas de penser à Dieu et à *sanyāsa* (la vie de renoncement) quand on est vieux ? »

Personne ne dit qu'il ne faut pas jouir des plaisirs de la vie. Mais si l'on vit sans comprendre certaines vérités de la vie, au lieu de trouver le bonheur, on se noie dans le chagrin. En réalité, la spiritualité n'est rien d'autre que la quête du bonheur. C'est la plus sage des quêtes.

Quand nous profitons des plaisirs du monde, sans que nous en ayons conscience, nous perdons notre force, tandis que lorsque nous pensons à Dieu, notre mental est rempli de paix et de bonheur. Il faut donc s'efforcer de surmonter ses faiblesses intérieures pendant que le corps est encore en bonne santé. Si nous le faisons, nous n'avons pas à craindre l'avenir ni à nous inquiéter dans le présent.

Amma se rappelle une histoire. Dans un certain pays, tout citoyen pouvait devenir roi. Mais il y avait certaines conditions. Il ne pouvait régner que pendant cinq ans. Ensuite, il était exilé sur une île proche où vivaient des bêtes féroces. Il n'y avait pas d'humains sur l'île car les animaux sauvages dévoraient quiconque y venait. Malgré ces conditions, beaucoup de gens, tentés par la perspective des plaisirs royaux et du pouvoir, étaient volontaires pour gouverner le pays pendant cinq ans.

Le nouveau roi était heureux au départ, mais il était bientôt saisi par la peur et l'angoisse car il savait qu'au bout de cinq ans, les animaux sauvages le dévoreraient. Le chagrin se lisait en permanence sur son visage. Rien ne l'enthousiasmait : ni la nourriture somptueuse ni l'opulence du palais, les serviteurs qui satisfaisaient à tous ses besoins ou la musique et la danse qui animaient constamment la cour royale. Il n'avait d'intérêt pour rien. Quand son règne s'achevait, on l'emmenait sur l'île où il était aussitôt dévoré par les bêtes sauvages.

Puis il se présenta un homme jeune qui voulut être roi. Contrairement à ses prédécesseurs, il ne manifesta aucune trace de chagrin. Il s'occupa du bien-être de ses sujets, il remplit ses devoirs de roi de manière compétente et passa son temps libre à goûter la danse et la musique. Il faisait de l'équitation et allait à la chasse. Il était toujours joyeux. Les années passèrent et son règne s'achevait. Mais il n'y avait pas de changement dans son attitude. Tout le monde s'en étonnait. Ils lui demandèrent : « Bien que le jour de votre départ pour l'île approche, vous ne paraissez pas contrarié le moins du monde. Quel est votre secret ? »

Le roi répondit: « Pourquoi serais-je en peine ? Je suis prêt à partir pour l'île. Dès que je suis devenu roi, mon premier acte a été d'emmener l'armée sur l'île et d'éliminer toutes les bêtes féroces. J'ai aussi transformé une partie de la jungle en terre agricole. J'ai fait creuser des puits et construire des maisons. J'ai embauché des ouvriers. J'ai fait venir beaucoup de gens sur l'île. Il me suffit maintenant d'aller y vivre. Je vais libérer le trône, mais je continuerai à vivre comme un roi sur l'île. »

Mes enfants, nous devrions imiter ce roi. Tout en vivant dans le monde, faisons tout ce qui est nécessaire pour trouver la voie qui mène au bonheur éternel. La vie dans le monde ne peut pas nous procurer la satisfaction éternelle. Quand on mange du *pāyasam* (pudding sucré), on a peut-être la sensation d'être rassasié. Mais au bout de quelque temps, le désir de manger du *pāyasam* reviendra, et il sera deux fois plus fort. Ne croyez donc pas que l'on peut chercher Dieu après avoir eu son content des plaisirs du monde.

Si on désire triompher de la souffrance, il faut s'y efforcer tant que le corps et le mental sont en bonne santé. Abandonnons l'idée qu'il suffit de penser à Dieu quand on est vieux. Ne repoussons pas d'un seul jour la quête de Dieu et dès notre jeune âge, accomplissons toutes nos actions en gardant nos pensées (notre cœur) fermement fixées sur Dieu. Faisons des pratiques spirituelles. Nous pourrons alors triompher de la mort et être toujours heureux.

105. Brûler d'amour pour Dieu

Mes enfants, la dévotion est l'amour suprême pour Dieu. Il faut avoir le même désir brûlant de se fondre en Dieu que quelqu'un qui est pris au piège dans une maison en flammes et cherche désespérément à échapper au feu. Seule cette intensité aboutira à la plénitude de la dévotion. Certains disent : « Si Dieu demeure en nous, pourquoi nous faut-il alors ressentir un désir aussi intense ? » Bien que Dieu demeure en nous, nous sommes incapables de ressentir Sa présence parce que notre mental recherche des objets extérieurs. Pour lier ce mental-là à Dieu, il est nécessaire d'éprouver un désir intense, cela ne fait aucun doute. Si une poussière nous rentre dans l'œil, nous n'aurons pas de cesse avant de l'avoir enlevée. Il faut avoir ce désir brûlant de réaliser Dieu.

Le sage Nārada rencontra un jour des prêtres qui avaient l'air déprimés. Quand il leur demanda pourquoi ils étaient tristes, ils répondirent : « Nous accomplissons des *yajñas* (des rituels autour du feu sacré) depuis de nombreuses années, mais nous n'avons toujours pas eu la vision de Dieu. »

Nārada dit : « Il est vrai que vous faites des *yajñas* depuis des années. Mais avez-vous pour Dieu un amour innocent ? Je connais un pêcheur qui désirait voir Dēvī. Il est allé voir son guru qui lui a dit : « Si tu appelles Dēvī avec autant de force qu'un homme que l'on maintient sous l'eau désire avoir de l'air, Elle viendra à toi. » Cet homme avait une foi totale dans les paroles de son guru. Sans aucune considération pour son corps, pour sa maison ou même pour sa vie, il prit la résolution suivante : « Je ne remonterai pour respirer qu'après avoir vu Mère. » En appelant « Mère ! » il s'immergea dans l'eau.

Dēvī apparut aussitôt devant lui et lui demanda : « Mon fils, pourquoi m'as-tu appelée ? Que désires-tu ? » Le pêcheur répondit : « Je ne veux rien. Je voulais juste Te voir. Ô Mère, bénis le monde. Et quand tu as faim, s'il te plaît, viens chez moi prendre un repas. » Nārada ajouta : « Appelez Dieu avec le même amour, avec le même désir innocent que ce pêcheur. Dieu apparaîtra certainement devant vous. »

Dieu et le *jīva* (Soi individuel) ne sont pas séparés. Comme une goutte d'eau aspire à se fondre dans l'océan, tout *jīva* aspire intérieurement à s'unir à Dieu. Mais actuellement, ce désir intense est dormant. En pensant constamment à Dieu et en Lui dédiant nos actions, nous pouvons éveiller cet amour, ce désir intense.

Il faut atteindre un état où l'on a le sentiment que l'on ne peut plus vivre sans Dieu. Une fois que l'on a une aspiration aussi intense, notre vie atteint la plénitude et la perfection.

106. La force intérieure

Mes enfants, les problèmes et les difficultés font partie de la vie humaine et sont inévitables. Il se peut que l'on chancelle face aux difficultés ou que l'on tombe dans le désespoir ou la peur. Mais n'oublions jamais que nous avons la force intérieure de surmonter les circonstances pénibles. On peut éveiller cette force intérieure grâce à une foi optimiste, en étant convaincu qu'il ne faut jamais désespérer.

Une grenouille tomba un jour dans un trou en sautant au bord d'une route. Elle fit de gros efforts pour en sortir, mais en vain. Un lièvre qui passait par là vit la situation pénible de la grenouille et eut pitié d'elle. Il essaya de l'aider mais il échoua. Le lièvre appela ses amis qui tentèrent aussi de sortir la grenouille du trou. Mais leurs tentatives aussi furent vaines. Épuisés et affamés, les lièvres dirent : « On va manger et on revient t'apporter de la nourriture. S'il te plaît, attends-nous patiemment. » Puis ils partirent. Ils n'étaient pas loin quand ils virent, à leur grande surprise, le grenouille arriver et bondir devant eux ! Les lièvres s'écrièrent à l'unisson : « Mais comment es-tu sortie aussi vite ? »

La grenouille dit : « J'étais déprimée en pensant que je ne réussirais jamais à sortir de là. C'est alors que j'ai vu un camion qui fonçait vers moi. Sans la moindre pensée, j'ai bondi hors du trou et me voilà ! »

Considérons les difficultés que nous rencontrons dans la vie comme des circonstances créées par Dieu pour éveiller notre force intérieure. Si on se rentre une épine dans le pied, on fait ensuite plus attention en marchant. Cet incident salutaire nous évitera de tomber dans un trou profond.

On ne peut pas devenir champion des poids et haltères en ne soulevant que de petits poids. Pour devenir un champion, il faut graduellement augmenter les poids que l'on soulève. On commence par exemple par soulever vingt-cinq kilos. Puis il faut augmenter et s'entraîner à soulever trente, quarante, cinquante kilos, etc. Quel que soit le domaine d'activité, on ne peut exceller qu'en s'entraînant ainsi.

Les problèmes et les crises ne sont que des moyens de découvrir et d'éveiller notre force intérieure. C'est avec cette compréhension qu'il faut accepter toute difficulté. Avec de l'espoir et des efforts, la victoire est certaine. Il ne faut jamais perdre espoir.

107. S'aimer soi-même

Mes enfants, nous vivons à une époque où non seulement on hait les autres mais où on se hait soi-même. C'est pourquoi les cas de dépression et de suicides augmentent. Toutes les religions, les maîtres spirituels et les psychologues enseignent qu'il est important de s'aimer, tout comme on aime les autres.

Généralement, les gens pensent que s'aimer soi-même consiste à dorloter le corps. Certains passent des heures devant le miroir en se réveillant. Beaucoup investissent énormément dans la préservation de leur beauté physique et de leur santé. Ils n'ont aucun scrupule à consacrer du temps et de l'argent à blanchir une peau sombre, à bronzer une peau blanche, à teindre des cheveux blancs ou à faire une couleur sur des cheveux noirs. Personne ne considère cela comme du gaspillage. Mais ils ne prêtent pas la même attention à aiguiser leur intelligence.

Dans un grand magasin de plusieurs étages, le nombre d'ascenseurs était insuffisant. Les clients devaient attendre longtemps. Ils en avaient assez d'attendre et exprimaient leurs plaintes à haute voix. Le gérant comprit que s'il ne résolvait pas le problème immédiatement, les affaires en souffriraient. Il envisagea plusieurs solutions et en trouva finalement une. Il fit installer des miroirs à côté des ascenseurs et dedans. Ensuite, il n'y eut plus de plaintes. Les gens qui attendaient l'ascenseur ne voyaient pas le temps passer : ils étaient occupés à se coiffer, à se poudrer le visage et à mettre du rouge à lèvres ou de l'eye-liner. Ils continuaient dans l'ascenseur.

De même que nous prenons la peine de veiller à la propreté et à la belle apparence du corps, nous devons faire des efforts pour tenir à distance les pensées et les émotions négatives et veiller ainsi à la propreté du mental. Il faut aussi entraîner le mental à penser avec discernement, en l'exposant à une connaissance qui permet de discerner. De cette manière, on peut ôter le voile qui recouvre le Divin en soi. C'est ce que signifie réellement « s'aimer soi-même ».

108. Maîtriser le mental

Mes enfants, c'est le mental qui fait de notre vie un enfer ou un paradis. En conséquence, quiconque désire son propre bien doit absolument maîtriser le mental. Deux choses sont nécessaires pour y parvenir : la persévérance dans l'effort et un enthousiasme inébranlable. Cela dit, il ne faut pas exercer sur le mental une pression excessive. Il ne faut pas contrôler à l'excès les besoins fondamentaux du corps tels que la nourriture et le sommeil. Si l'on exerce trop de pression sur le mental, il deviendra agité. Il faut le maîtriser peu à peu. Il faut donner au corps et au mental des occasions suffisantes de se reposer et d'avoir des récréations. Et dans le même temps, il faut continuer à faire autant d'efforts que l'on peut pour atteindre le but. Il n'est pas facile de contrôler le mental. Il y aura parfois des échecs. Malgré cela, continuons à essayer sans nous décourager.

Durant un voyage en autocar, imaginons que l'envie d'uriner survienne. On se contrôle d'une manière ou d'une autre jusqu'au prochain arrêt. On ne saute pas hors d'un autocar en mouvement. Ainsi, si le mental nous incite à faire quelque chose de mal pour obtenir un plaisir passager, il ne faut pas céder. Il faut réfléchir et discerner, et ainsi maîtriser le mental. Grâce à une pratique constante, on acquiert la maîtrise du mental.

Certains argumentent et disent qu'il est inutile de maîtriser des émotions comme la colère et la luxure. Ils disent que le désir sexuel est comme une faim qu'il faut apaiser. Néanmoins, aussi affamé que l'on soit, on n'avale pas tout ce que l'on voit devant soi. Ainsi, bien que la colère et la luxure soient des émotions naturelles, nous devons être attentifs à ne pas leur laisser la bride sur le cou. Il est possible de les maîtriser, et cette maîtrise est bénéfique aussi bien pour l'individu que pour la société.

Ce qui nous donne la force de surmonter les obstacles, c'est la concentration sur le but. Un étudiant qui veut obtenir les meilleures notes à un examen se fixe un programme régulier. Il sait que s'il veille tard pour regarder la télé, il ne pourra pas se réveiller tôt. Alors il réduit le temps qu'il passe devant la télé. Il sait aussi que s'il fait un repas lourd le soir, il lui sera difficile de se réveiller tôt pour étudier. Il prend tous ces facteurs en compte et se fixe un emploi du temps. Il est attentif à ne pas trop manger, dormir, jouer ou parler.

Ainsi, celui qui désire fortement atteindre son but réussira sans aucun doute à acquérir la maîtrise de son mental.

En écoutant les enseignements sur la spiritualité et en fréquentant des êtres nobles, notre force de volonté augmente. Les pratiques spirituelles telles que la méditation et le *japa* (la répétition du mantra) insufflent au mental le calme et la force. On peut ainsi facilement maîtriser le mental.

Glossaire

adharma : Ce qui n'est pas conforme à la Loi divine ; ce qui s'écarte de l'harmonie naturelle.

Arjuna : Un grand archer, l'un des héros du *Mahābhārata.* C'est à Arjuna que Krishna s'adresse dans la *Bhagavad-Gītā.*

artha : But, richesse, substance ; un des quatre *puruṣhārthas* (les buts de la vie humaine).

āśhram : Monastère. Amma le définit comme un mot composé : *ā*, cet, et *śhramam*, effort (pour réaliser le Soi).

Bhagavad-Gītā : « Le Chant du Seigneur » ; composé de dix-huit chapitres écrits en versets, dans lesquels le Seigneur Kṛiṣhṇa conseille Arjuna. L'enseignement est donné sur le champ de bataille de Kurukṣhētra, juste avant que les vertueux Pāṇḍavas combattent les Kauravas, ennemis du *dharma.* C'est un guide pratique pour surmonter toute crise pouvant survenir dans notre vie personnelle ou sociale et l'essence de la sagesse védique.

bhajan : Chant dévotionnel, hymne à la gloire de Dieu.

bhakti : Dévotion pour Dieu.

Bhārat : L'Inde.

Bharata : Le frère cadet de Rāma ; il régna sur Ayōdhya en tant que représentant de Rāma pendant que celui-ci était en exil.

bhaya-bhakti : La dévotion inspirée par la crainte des conséquences de mauvaises actions.

Bhīma : Un des frères Pāṇḍava, un guerrier à la force herculéenne ; il fut la cible de nombreuses attaques cruelles de la part de Duryōdhana.

Bhīṣhma : Ancêtre des Pāṇḍavas et des Kauravas. Il a combattu du côté des Kauravas pendant la guerre du *Mahābhārata* ; c'était pourtant un défenseur du *dharma* et sa sympathie allait aux vertueux Pāṇḍavas.

darśhan : Entrevue avec une personne sainte ou vision du Divin. Le darśhan emblématique d'Amma est une étreinte.

Daśharatha : Le père de Rāma et le roi de Kōśhala.

Dēvī : Déesse / Mère divine.

dharma : « Ce qui soutient (la création) ». Désigne généralement l'harmonie de l'univers, un code de conduite juste, un devoir sacré ou la Loi éternelle.

dharmakṣhētra : Le champ du *dharma* (ce qui est juste) ; désigne le champ de bataille où se déroula la guerre du *Mahābhārata.*

Dhṛitarāṣhṭra : Le père des Kauravas.

Drōṇa: Le maître d'armes des Pāṇḍavas et des Kauravas dans le *Mahābhārata.*

Duryōdhana : L'aîné des Kauravas ; la personnification du mal.

Gaṇapati : Le fils de Śhiva, doté d'une tête d'éléphant ; celui que l'on invoque pour détruire les obstacles.

Gāndhārī : La mère des Kauravas ; par solidarité avec son mari aveugle, Dhṛitarāṣhṭra, elle se banda les yeux après son mariage.

gōpa : Un petit bouvier de Vṛindāvan.

gōpī : Laitière de Vṛindāvan. Les *gōpīs* étaient célèbres pour leur ardente dévotion au Seigneur Kṛiṣhṇa. Leur dévotion illustre l'amour pour Dieu le plus intense.

Guru : Maître spirituel.

Gurukula : Mot à mot, le clan (*kula*) du précepteur (*Guru*) ; école traditionnelle où les élèves vivaient avec le guru pendant toute la durée de leur éducation et étudiaient les Écritures.

Hanumān : Le *vānara* (singe) disciple et compagnon de Rāma, un des personnages-clé du *Rāmāyaṇa.*

hōma : Rituel ancien des temps vēdiques au cours duquel on offre des oblations aux dieux en offrant du *ghee* (beurre clarifié) dans un feu sacré ; un *dēva-yajña*, un des cinq *yajñas* quotidiens que doivent accomplir les brahmanes.

iṣhṭa devata : Divinité d'élection.

japa : La répétition d'un mantra.

jīva (jīvātmā) : Soi individuel (âme).

Kaikēyī : Seconde épouse de Daśharatha et mère de Bharata (dans le *Rāmāyaṇa*).

kalpavṛikṣha : Arbre mythique qui exauce les désirs.

kāma : Le désir.

Kamsa : Oncle maternel du Seigneur Kṛiṣhṇa.

karma : Action ; activité mentale, verbale et physique ; enchaînement d'effets produits par nos actions.

karma-yōga : La voie de l'action, la voie du service désintéressé.

Karṇa : Fils du dieu Soleil et de Kuntī, la mère des Pāṇḍavas. Karṇa combattit du côté des Kauravas pendant la guerre du *Mahābhārata.*

Kauravas : Les cent un enfants du roi Dhṛitarāṣhṭra et de la reine Gāndhārī, dont le méchant Duryōdhana était l'aîné. Les Kauravas étaient les ennemis de leurs cousins, les vertueux Pāṇḍavas, qu'ils ont combattus dans la guerre du *Mahābhārata.*

Kṛiṣhṇa : Dérivé de *kṛiṣh,* qui signifie « attirer à soi » ou « enlever le péché » ; principale incarnation du Seigneur Viṣhṇu. Né dans une famille royale mais élevé par des parents adoptifs, il mena la vie d'un petit vacher à Vṛindāvan où il était aimé et adoré par ses compagnons pleins de dévotion, les *gōpīs* (laitières) et les *gōpas* (vachers). Kṛiṣhṇa fonda ensuite la ville de Dwāraka. Il était l'ami et le conseiller de ses cousins, les Pāṇḍavas, surtout d'Arjuna, dont il fut le conducteur de char pendant la guerre du *Mahābhārata,* et auquel il révéla son enseignement dans la *Bhagavad-Gītā.*

Kṣhatriya : Souverain, guerrier ; une des quatre divisions sociales (*varṇas*) de l'ancienne société hindoue.

Kucēla : Un dévot très pauvre du Seigneur Kṛiṣhṇa. Il devint fabuleusement riche grâce à la bénédiction du Seigneur.

Kurukṣhētra : Le champ de bataille où se déroula la guerre entre les Pāṇḍavas et les Kauravas ; c'est aussi une métaphore du conflit entre le bien et le mal.

Lakṣhmaṇa : Frère cadet de Rāma.

lakṣhya-bōdha : La concentration sur le but.

Mahābalī : Un roi bon généreux et juste qui devint célèbre pour son règne idéal.

Mahābhārata : Épopée de l'Inde ancienne composée par le sage Vyasa qui dépeint la guerre entre les vertueux Pāṇḍavas et les Kauravas, ennemis du *dharma*.

mahātmā : « Grande âme » ; expression employée pour décrire celui qui a réalisé le Soi ou Dieu.

mānasa-pūjā : Adoration accomplie mentalement.

mantra : Son, syllabe, mot ou parole ayant un contenu spirituel. Selon les commentateurs des *Vēdas*, les mantras sont des révélations faites aux *ṛiṣhis* (sages) absorbés dans une profonde contemplation.

mōkṣha : La libération au sens spirituel, c'est-à-dire la délivrance du cycle des naissances et des morts.

niyama : Les règles ou observances (ce qu'il faut faire) ; le second « membre » de l'*aṣhṭāṅga yōga* (huit membres ou étapes) formulé par le sage Patañjali ; ils incluent *śhauca* (la pureté), *santōṣha* (le contentement), *tapas* (les austérités), *swādhyāya* (l'étude des Écritures) et *īśhvara-praṇidhāna* (la contemplation de Dieu). Les *niyamas* sont souvent mentionnées en même temps que les *yamas*.

Ōm (Aum) : Le son primordial de l'univers ; la graine de la création. Le son cosmique que l'on peut entendre en méditation profonde ; la syllabe sacrée enseignée dans les *Upanișhads*, qui représente Brahman, le fondement divin de l'existence.

Ōṇam : La plus grande fête du Kerala qui a lieu durant le mois de *Ciṅṅam* (août-septembre).

Pāṇḍavas : Les cinq fils du roi Pāṇḍu, les cousins de Kṛișhṇa.

paramātmā : Le Soi suprême.

pāyasam : Pudding sucré.

praṇava : La syllable mystique *Ōm*.

prārabdha : Appelé aussi *prārabdha karma*, désigne la partie de notre *karma* passé qui est à l'origine de notre naissance actuelle.

prasad : Offrande bénie venant d'une personne sainte ou d'un temple ; il s'agit souvent de nourriture.

prasāda-buddhi : L'attitude qui consiste à considérer tout ce que l'on reçoit comme un cadeau de Dieu.

pūjā : Rituel d'adoration.

puṇya : Mérite spirituel.

Rāma : Le héros divin du *Rāmāyaṇa*. C'était une incarnation du Seigneur Vișhṇu et Il est considéré comme le modèle idéal du *dharma* et de la vertu. *Ram* signifie se réjouir, celui qui trouve la joie en lui-même, le Principe de la joie intérieure et aussi, celui qui apporte la joie dans les cœurs.

Rāma-rājya : Mot à mot : le règne de Rāma. Le terme est devenu synonyme d'une époque idéale.

Rāmāyaṇa : Une épopée de 24 000 vers qui décrit la vie et l'époque de Rāma.

Rāvaṇa : Un puissant démon. Vișhṇu s'est incarné sous la forme du Seigneur Rāma pour le tuer et rétablir l'harmonie dans le monde.

ṛișhi : Un sage auquel des mantras sont de plus révélés en méditation profonde.

Śhabarī : Une femme qui vénérait Rāma, connue pour sa foi inébranlable.

Śhabarimala : Lieu où s'élève le temple de Śhabarimala, consacré au Seigneur Ayyappa.

sadhana : Ensemble de pratiques spirituelles faites avec régularité et dévotion qui mène au but suprême de la réalisation du Soi.

Śhalya : Le roi de Madra qui était aussi un grand guerrier. À la demande de Yudhiṣhṭhira, il conduisit le char de Karṇa dans l'intention de démoraliser celui-ci aux moments critiques de la guerre du *Mahābhārata.*

samskāra : Un trait de la personnalité acquis au cours d'une ou de plusieurs vies, un schéma psychologique ou comportemental, une tendance latente dans le mental qui se manifeste dans un environnement favorable ou lorsqu'elle est stimulée.

Sanātana Dharma : Littéralement, « la religion éternelle » ou « le mode de vie éternel », le nom originel et traditionnel de l'Hindouisme.

Sañjaya : Le narrateur de la *Bhagavad-Gītā* et personnage du *Mahābhārata* auquel le sage Vyāsa accorda le don de *divya-dṛiṣhṭi* (clairvoyance) afin qu'il puisse relater au roi Dhṛitarāṣhṭra les événements qui se déroulaient sur le champ de bataille.

sannyāsī : Un moine qui a fait le vœu officiel de renoncement (*sannyāsa*) ; il porte traditionnellement des vêtements de couleur ocre qui symbolisent le fait que tous les désirs ont été brûlés. L'équivalent féminin est **sannyāsinī.**

satsaṅg : Communion avec la vérité suprême. Également : être en compagnie des *mahātmās*, étudier les Écritures et écouter les discours d'un *mahātmā* ; assemblée de personnes qui désirent écouter ou discuter de sujets spirituels ; un discours spirituel.

Sītā : L'épouse de Rāma. Elle est considérée en Inde come l'idéal de la femme.

Śhiva : Śhiva est vénéré comme le premier et le principal dans la lignée des gurus ainsi que comme le substrat sans forme de l'univers par contraste avec Śhakti, la créatrice. Le dieu de la Destruction (de l'ego) dans la Trinité hindoue.

śhraddhā : La vigilance (malayalam) ; la foi (sanskrit).

Swāmī Vivēkānanda : Disciple principal (1863 – 1902) de Śhrī Rāmakṛiṣhṇa Paramahamsa, Il fut un pionnier qui introduisit la philosophie de l'Hindouisme en Occident et fonda le Ramakrishna Math (monastère) et la Mission Ramakrishna.

upāsanā : Adoration.

vāsanā : Tendance latente ou désir subtil qui se manifeste comme une pensée, un motif, une action ; impression subconsciente acquise par l'expérience.

vasudhaiva kuṭumbakam : « Le monde est une seule famille ».

Vēdas : Les plus anciennes de toutes les Écritures, révélées par Dieu ; les *Vēdas* n'ont pas été composés par un auteur humain mais ont été révélés aux sages de jadis plongés en profonde méditation. Ces révélations ont été appelées les *Vēdas.* Il en existe quatre : *Rik*, *Yajus*, *Sāma* et *Atharva.*

Vyāsa : Mot à mot : le compilateur. Nom donné au sage Kṛiṣhṇa Dvaipāyana, le compilateur des *Vēdas.* Il est aussi le chroniqueur du *Mahābhārata*, dont il est un personnage, et l'auteur des dix-huit *Purāṇas* et des *Brahma-Sūtras.*

yajna : Rituel d'adoration dans lequel on offre des oblations au feu selon les injonctions des Écritures tandis que l'on récite des mantras sacrés.

yama : Les règles pour une conduite juste (interdits) ; le premier « membre » de l'*aṣhṭānga yōga* (huit membres ou étapes) formulé par le sage Patanjali. Les *yamas* incluent : *ahimsā* (la non-violence), *satya* (dire la vérité), *astēya* (ne pas voler), *brahmacarya* (la chasteté, la maîtrise des sens) et *aparigraha* (prendre uniquement ce dont on a besoin) ; les *yamas* sont souvent mentionnés en même temps que les *niyamas*.

yoga : « Unir ». L'union avec l'Être suprême. Un terme vaste qui désigne aussi les différentes méthodes grâce auxquelles on peut atteindre l'union avec le Divin. Une voie qui conduit à la réalisation du Soi.

yuddha : La guerre.

Guide de la prononciation

Voyelles

Les voyelles peuvent être longues ou courtes. Les longues sont normalement deux fois plus longues que les brèves.
a comme a dans armoire, ā comme a, long
i comme i dans Italie, ī comme i, long
u comme ou dans choux, ū comme ou, long
(o et e sont toujours longs en Sanskrit)
e comme er dans lever
o comme eau dans beau

Diphtongues

ai comme ai dans paille
au comme ao dans cacao

Semi-voyelle

ṛi exemple : *amṛita* ; pour le prononcer on ajoute un *i* mais qui doit à peine s'entendre.

Consonnes

Si elles sont suivies d'un h, il s'entend. Ce sont des consonnes dites aspirées.
Les doubles consonnes s'entendent.

Gutturales

Le son est formé dans la gorge.
k comme k dans kilogramme
kh comme kh dans l'allemand *Eckhart*
g comme g dans garage
gh comme gh dans l'anglais *dig-hard*
ṅ comme n dans *sing*

Palatales

Le milieu de la langue touche le palais, la pointe de la langue touche les alvéoles des dents du bas, devant.

c comme tch dans *chair*

ch comme tchh dans *staunch-heart*

j comme dj dans *joy*

jh comme dge dans *hedgehog*

ñ comme gn dans cagnard

Rétroflexes

Ce groupe de lettres avec un point en-dessous se prononce en dirigeant la langue vers l'arrière. La pointe de la langue vient toucher l'endroit au-dessus des alvéoles qui tiennent les dents du haut, devant. Il n'y a pas d'équivalent en français.

ṭ, ṭh, ḍ, ḍh, ṇ

Dentales

t comme t dans *tube,* th comme th dans *lighthouse*

d comme d dans douleur, dh comme dh dans *red-hot*

n comme n dans navire

Labiales

p comme p dans pain, ph comme ph dans *up-hill*

b comme b dans bateau, bh comme bh dans *rub-hard*

m comme m dans mère

ṁ un son nasal comme dans bon

ḥ prononcer aḥ comme aha, iḥ comme ihi, uḥ comme uhu

ṣh comme ch dans chose. Position de la langue comme pour les rétroflexes.

śh Position de la langue comme pour les palatales.

s comme s dans si. C'est le s français.

h comme h dans *hot*

y comme y dans yoga

r un r roulé dans *Roma, Madrid*

l comme l dans libre

v comme w dans wagon

ww.ingramcontent.com/pod-product-compliance
·htning Source LLC
mbersburg PA
W070139100426
3CB00013B/2758
8 1 6 8 0 3 7 9 2 2 8 *